AF401831

NOUVEAUX TABLEAUX

DE

LECTURE,

ASSUJETTIS

AU SYSTÈME ET AUX PROCÉDÉS

DE

L'ENSEIGNEMENT MUTUEL;

SPÉCIALEMENT COMPOSÉS

POUR LES ÉCOLES DANS LESQUELLES ON SUIT CETTE MÉTHODE,

ET APPLICABLES AUX AUTRES MODES D'ENSEIGNEMENT;

Par M. JOMARD,

MEMBRE DE L'INSTITUT DE FRANCE,

L'UN DES PRÉSIDENTS HONORAIRES DE LA SOCIÉTÉ POUR L'INSTRUCTION ÉLÉMENTAIRE.

OUVRAGE AUTORISÉ PAR LE CONSEIL ROYAL DE L'INSTRUCTION PUBLIQUE

ET ADOPTÉ PAR LE COMITÉ CENTRAL D'INSTRUCTION PRIMAIRE POUR LES ÉCOLES DE LA VILLE DE PARIS.

SIXIÈME ÉDITION.

PARIS.

LOUIS COLAS, LIBRAIRE DE LA SOCIÉTÉ POUR L'INSTRUCTION ÉLÉMEMTAIRE,

RUE DAUPHINE, N° 32;

HACHETTE, LIBRAIRE, RUE PIERRE-SARRAZIN, N° 12.

1849.

Ceux qui connaissent l'histoire de l'Enseignement mutuel en France savent que l'auteur de ces Tableaux a publié, en 1815, en société avec *Alexandre* Choron, son ancien compagnon d'études polytechniques, les premiers Tableaux composés pour les nouvelles écoles. Placé dans des circonstances favorables, il a pu étudier le besoin des établissements, recueillir les observations des maîtres, et juger des développements ou des améliorations que requérait ce premier travail. Dès 1832, il avait même accepté, de la *Société pour l'instruction élémentaire*, la charge d'en publier une édition complétée et perfectionnée ; mais des motifs pressants obligèrent cette honorable Société d'adopter d'urgence une autre collection, qui lui fut présentée toute faite. Dans l'intérêt du bien, il crut devoir suspendre son travail, espérant qu'elle atteindrait le but désiré, et connaissant d'ailleurs le danger du conflit des méthodes, surtout dans l'état actuel du personnel des instituteurs primaires. Il ne refusa pas, alors, sa coopération aux nouveaux Tableaux, et se contenta d'être utile aux auteurs de ces ouvrages. Depuis, il parcourut plusieurs départements du Midi et de l'Ouest, visita un assez grand nombre d'écoles, entendit les Instituteurs, et reconnut l'insuffisance des Tableaux de 1832 ; enfin, il fut sollicité par plusieurs maîtres recommandables, réclamant une édition nouvelle des Tableaux primitifs. Il s'est donc décidé, au commencement de cette année, à reprendre l'ouvrage interrompu : son travail était à l'impression, avant que la Société eût songé à mettre au concours la composition de nouveaux Tableaux de lecture.

Il ose espérer que ces modestes feuilles, assujetties à un plan simple et à la portée de tous les Maîtres, seront accueillies favorablement par les propagateurs de l'instruction populaire. Pénétré, l'un des premiers, de tous les avantages de l'instruction réciproque, et de l'utilité de l'intervention des élèves dans l'enseignement, méthode puissante dont, vingt ans auparavant, il avait profité lui-même à l'École polytechnique, il fut encore assez heureux pour le voir en action dans la vaste école de Lancaster, et pour être chargé, ensuite (**), d'organiser la *première école mutuelle* créée à Paris, comme le plus grand nombre de celles qu'on y a ouvertes sur ce modèle.

Il désire n'être pas resté trop au-dessous de la tâche qu'il s'est imposée, en essayant, aujourd'hui, de concilier deux choses également nécessaires dans des *Tableaux de lecture* à l'usage de ces écoles, savoir : 1° satisfaire à toutes les conditions, si compliquées, de la langue et de l'orthographe françaises ; 2° appliquer à ces données toutes les formes du nouvel enseignement, c'est-à-dire du système monitorial : puisse-t-on juger qu'il n'était pas sans mission pour se livrer au travail de longue haleine qu'il met sous les yeux du public, et qu'il dédie aux amis de l'enfance et de l'instruction, ainsi qu'à l'estimable classe des instituteurs.

(**) L'honneur en appartient à la première Commission formée, au commencement de mai 1815, au Ministère de l'Intérieur, en vertu d'un décret impérial du 27 avril ; elle était composée de MM. le baron de Gérando, le comte de Lasteyrie, l'abbé Gaultier, le comte de Laborde, et l'auteur des présents Tableaux.

TABLE SYNOPTIQUE DES NOUVEAUX TABLEAUX DE LECTURE,

SPÉCIALEMENT COMPOSÉS POUR LES ÉCOLES D'ENSEIGNEMENT MUTUEL, ET APPLICABLES AUX DIVERS MODES D'ENSEIGNEMENT.

Partie	Nombre des éléments	Espèce des éléments, nombre des caractères, et nature de la syllabe	Exemples	Numéros des tableaux (12)	Numéros des classes	Moyens auxiliaires
NOTATION SIMPLE.						
1re PARTIE. ALPHABET VULGAIRE, ET SONS ÉLÉMENTAIRES DE LA LANGUE FRANÇAISE (1). — ÉLÉMENTS DE LA SYLLABE.	UN ÉLÉMENT.	ÉLÉMENT-VOIX. — Simple. — Signe monogramme (3).	o	7-9-10	Ire	couleurs et groupes ou lettres conjuguées.
		— digramme.	ou	7-9-10	idem.	idem. idem.
		Composé (double) (2). — digramme.	io	21	IIIe	groupes.
		— trigramme (4).	iou	21	idem.	groupes.
		ÉLÉMENT-ARTICULATION. — Simple. — monogramme.	b	8-9-10	Ire	couleurs et groupes.
		— digramme.	ch	8-9-10	idem.	idem. idem.
		Composé (double, triple). — digramme.	pl	20	IIIe	groupes.
		— trigramme (4).	spl	28	IVe	groupes.
2me PARTIE. SYLLABAIRE (5). — SYLLABES À ÉLÉMENTS SIMPLES, DIRECTES OU INVERSES, OU COMBINAISON DES ÉLÉMENTS CI-DESSUS.	DEUX ÉLÉMENTS.	Voix monogrammes. — Syllabes directes.	ba... cha... gna	11-12	IIe	couleurs et groupes.
		— inverses.	ab	13		idem. idem.
		—digrammes. — directes.	b ou... ch on	14		idem. idem.
		— inverses.	on c	15		idem. idem.
		Exemples et applications.		16-17		groupes.
	TROIS ÉLÉMENTS (6).	Voix monogrammes. — Syllab. direct. et inv.	bra illa aill	18-19-24	IIIe	groupes.
		— digrammes. — idem.	brou illon ouill	20-24		idem.
		— doubles (2). — idem.	bia pieu chien / iel juin souin	21		idem.
		Voix monogrammes et digrammes. — Syllabes directes et inverses, et syllabes composées (7).	bac char bouc / arc ours	22-24		idem.
		Exemples et applications. — sur le règne animal.		25-26-27		idem.
	QUATRE ÉLÉMENTS (8).	Voix monogrammes et digrammes.	stra stran bloc / frac	28	IVe	groupes.
			trap fleur pleur / croup	29		idem.
			porc miel. (9)stras / smalt.... strict	30		idem.
		Exemples et applications. — sur le règne végétal.		31-32		idem.
NOTATION COMPLEXE.						
3me PARTIE. LECTURE — PRÉPARATOIRE. SYLLABES À ÉLÉMENTS COMPLEXES (10) OU ÉQUIVALENTS. — SIGNES ÉQUIVALENTS USITÉS DANS LA LANGUE FRANÇAISE.		Voix monogrammes ou polygrammes, simples ou composées.	Voir les Tabl. pour les exempl. (11)	33 à 40	Ve	groupes.
		Exemples et applications. — sur le règne minéral.		41-42		idem.
		Articulations monogrammes et polygrammes.		43 à 45	VIe	groupes.
		Exemples et applications. — sur l'homme.		46-47		idem.
	SUITE DES NOTATIONS ORTHOGRAPHIQUES COMPLEXES.	Exercices sur les mots difficiles, les règles et les exceptions, les liaisons des mots entre eux, l'h aspirée, etc.		48 à 51	VIIe	groupes.
COURANTE, id.		1re PARTIE : Avec l'indication des *équivalents* ; au-dessus, les valeurs correspondantes pour la *prononciation* ; les *divisions* des syllabes ; les *procédés*, et l'*interrogation* des Moniteurs. — Choix de proverbes, maximes et sentences.		52 à 55		
		2me PARTIE : Avec les *divisions* des syllabes, les *procédés*, et l'*interrogation* seulement. — Suite des maximes et proverbes choisis, d'après Franklin, Port-Royal, Fénelon et autres.		56 à 63	VIIIe	plus de groupes.
		3me PARTIE : Avec l'*interrogation* seulement. — Écriture Sainte ; Maximes tirées de l'Ancien et du Nouveau Testament, par Rollin ; Évangiles, Genèse (huit chapitres).		64 à 83		

(1) Avec un Tableau d'application pour exercer à une prononciation ferme, correcte et distincte des quarante voix ou articulations de la langue française. — (2) Autrement, *diphthongus*. — (3) Les mots *monogramme*, *digramme*, *trigramme* signifient : à un, deux, ou trois caractères. — (4) L'élément trigramme *iou* n'est que *double*, à cause de *ou*, élément simple ; tandis que l'élément trigramme *spl* est *triple*. — (5) Syllabaire, avec exemples et applications de mots et de phrases, et de notions d'histoire naturelle. — (6) C'est-à-dire trois éléments simples, ou un élément double et un simple, ou un élément simple et un double. — (7) Syllabes composées, c'est-à-dire une voix entre deux articulations (simples ou non). — (8) C'est-à-dire un élément triple, plus un élément simple ; ou un élément double, plus deux éléments simples ; ou deux éléments simples, plus un élément double ; ou enfin un élément simple, plus un élément double, plus un élément simple,

— (9) Appendice : 1° un élément triple, plus deux éléments simples ; 2° un élément triple, un élément simple et un élément double. Les autres combinaisons sont inusitées en français. — (10) Le mot *complexe* est employé ici dans le sens de *compliqué*, et non pas par opposition au mot *simple*, lequel est attribué aux éléments où sonne une seule *voix*, ou une seule *articulation* ; de même que le mot *composé*, aux éléments où se font sentir deux *voix*, ou bien deux à trois *articulations*. — (11) Les cas sont trop nombreux et trop compliqués pour être cités dans une table synoptique. — (12) Les tableaux nos 1 à 6 ne figurent point ici parce que la méthode proprement dite ne commence qu'au no 7. Les articulations sont rangées dans les nos 8, 9, 10 suivant l'ordre naturel : labiales, dentales, palatales, sifflantes et gutturales.

(*) *Avertissement* des quatrième et cinquième éditions (1835 et 1843).

N. B. Pour le développement des principes sur lesquels est fondée, soit la composition, soit la disposition de ces *Tableaux*, ainsi que des motifs sur lesquels reposent la méthode et les procédés de lecture, les exemples, etc., consultez l'édition in-8°.

PARIS. — IMPRIMÉ PAR E. THUNOT ET Cie, RUE RACINE, 26, PRÈS DE L'ODÉON.

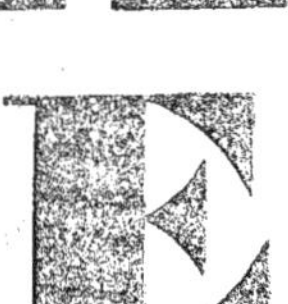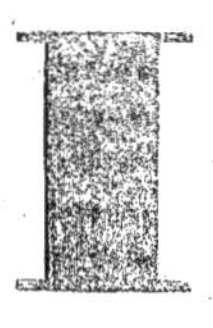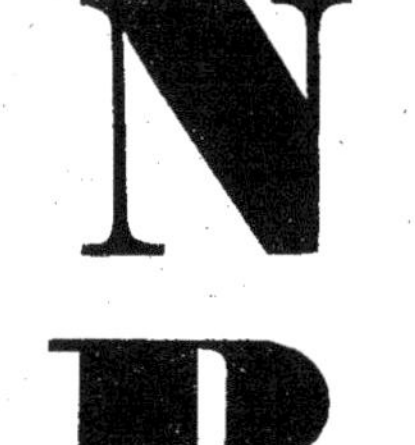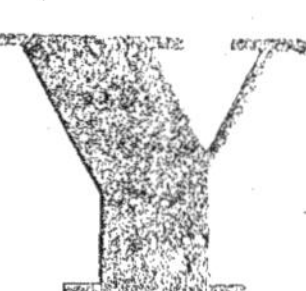

A B C D
E F G H
I J K L
M N O P
Q R S T
U V X
Y Z

MONITEUR.	ÉLÈVE.
1er Procédé. — Indique, sur le Tableau, la lettre A, ou Bé, Cé, Dé... et l'énonce (1).	— répète A, ou Bé, Cé, Dé....
2me Procédé. — Indique, sans énoncer, la lettre I, ou Pé, èF....	— répond : I, ou Pé, èF....
3me Procédé. — Énonce, sans indiquer, la lettre O, ou èR, Ji...	— montre la lettre et dit O, ou èR, Ji....

N. B. — Le Moniteur, au deuxième et au troisième procédé, ne suit plus l'ordre du tableau, et il choisit les lettres au hasard. Au second élève, il change d'exemple, à moins que le premier ne se soit trompé, et toujours ainsi de suite.

(1) Voir Tableaux n°s 7, 8 et suivants.

LETTRES ROMAINES. — NOMS ET ORDRE DES CARACTÈRES.

a   b   c   d

e   f   g   h

i   j   k   l

m   n   o   p

q   r   s   t

u   v   x

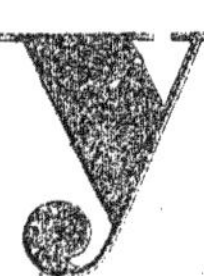

y   z

MONITEUR.	ÉLÈVE.
1er PROCÉDÉ. — Indique, sur le Tableau, la lettre A, ou Bé, Cé, Dé.... et l'énonce (1).	— répète A, ou Bé, Cé, Dé....
2me PROCÉDÉ. — Indique, sans énoncer, la lettre I, ou Pé, èF....	— répond : I, ou Pé, èF....
3me PROCÉDÉ. — Énonce, sans indiquer, la lettre O, ou èR, Ji....	— montre la lettre et dit O, ou èR, Ji....

N. B. — Le Moniteur, au deuxième et au troisième procédé, ne suit plus l'ordre du tableau, et il choisit les lettres au hasard. Au second élève, il change d'exemple, à moins que le premier ne se soit trompé, et toujours ainsi de suite.

(1) Voir Tableaux n°° 7, 8 et suivants.

MÉTHODE DE M. JOMARD.

MAJUSCULES D'ÉCRITURE. — NOMS ET ORDRE DES CARACTÈRES.

MONITEUR.

1er PROCÉDÉ. — Indique, sur le Tableau, la lettre A, ou Bé, Cé, Dé.... et l'énonce (1).
2me PROCÉDÉ. — Indique, sans énoncer, la lettre I, ou Pé, èF....
3me PROCÉDÉ. — Énonce, sans indiquer, la lettre O, ou èR, Ji....

ÉLÈVE.

— répète A, ou Bé, Cé, Dé....
— répond I, ou Pé, èF....
— montre la lettre, et dit O, ou èR, Ji....

N. B. — Le Moniteur, au deuxième procédé et au troisième, ne suit plus l'ordre du tableau, et il choisit les lettres au hasard. Au second élève, il change d'exemple, à moins que le premier ne se soit trompé, et toujours ainsi de suite.

(1) Voir Tableaux n°s 7, 8 et suivants.

a   b   c   d

e   f   g   h

i   j   k   l

m   n   o   p

q   r   s   t

u   v   x   y   z

1 2 3 4 5 6 7 8 9 10

MONITEUR.	ÉLÈVE.
1ᵉʳ PROCÉDÉ. — Indique, sur le Tableau, la lettre A, ou Bé, Cé, Dé.... et l'énonce (1).	— répète A, ou Bé, Cé, Dé....
2ᵐᵉ PROCÉDÉ. — Indique, sans énoncer, la lettre I, ou Pé, èF....	— répond : I, ou Pé, èF....
3ᵐᵉ PROCÉDÉ. — Énonce, sans indiquer, la lettre O, ou èR, Ji....	— montre la lettre, et dit O, ou èR, Ji....

N. B. — Le Moniteur, au deuxième procédé et au troisième, ne suit plus l'ordre du tableau, et il choisit les lettres au hasard. Au second élève, il change d'exemple, à moins que le premier ne se soit trompé, et toujours ainsi de suite.

(1) Voir Tableaux nᵒˢ 7, 8 et suivants.

LETTRES CAPITALES RANGÉES D'APRÈS LEUR FORME.

Formes droites.

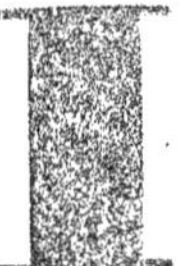

I H T L L

E F

Formes angulaires.

A V N M

K X Y Z

Formes courbes, ou mixtilignes.

C O U G J

D P B R

Q S

N. B. — Ce Tableau peut servir aussi au cercle de lecture; dans ce cas, on suit les procédés des Tableaux précédents.

ALPHABET POUR L'ÉCRITURE.

LETTRES ROMAINES, RANGÉES D'APRÈS LEUR FORME.

Formes droites.

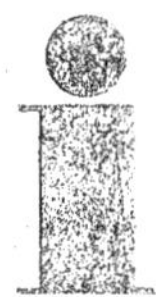

i l

Formes angulaires.

v k x y z

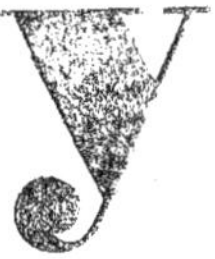

Formes courbes ou mixtilignes.

h n m u

j f c e o

b d p q

t r a

s g

N. B. — Ce Tableau peut servir aussi au cercle de lecture; dans ce cas, on suit les procédés des Tableaux précédents.

ENSEIGNEMENT MUTUEL.

MÉTHODE DE M. JOMARD.

SONS DE LA LANGUE FRANÇAISE,

OU ÉLÉMENTS SYLLABIQUES.

[N° 7.]

VOIX SIMPLES.

1° Voyelles monogrammes.

A È É E

I O U

Â Ê Î Y Ô Û

2° Voyelles digrammes.

EU OU OI

Nasales.

AN IN ON

UN

Moniteur.	Élève.
1er Procédé. — Indique sur le Tableau la lettre A ou U, EU, ON...., et il énonce, toujours d'une seule émission de voix, les voyelles digrammes.	— répète A, ou U, EU, ON....
2me Procédé. — Indique, sans énoncer, la lettre I, ou EU, ON....	— répond I, ou U, EU, ON....
3me Procédé. — Énonce, sans indiquer, la lettre O, ou U, EU, ON....	— montre la lettre et dit O, ou U, EU, ON....

N. B. — Le Moniteur a soin de prononcer et de faire prononcer bien distinctement les trois sons È, É, E (*e* muet); puis, les sons prolongés qu'exprime l'accent circonflexe Â, Ê, Î, Ô, Û; l'Y, qui vient après Î long, ne se prononce ici que comme Î et non Y *grec* comme aux Tableaux précédents. Il prononce et fait prononcer, *d'une seule émission de voix*, EU, OU, OI, AN.... Enfin il fait bien distinguer le son EU du son E (*e* muet).

ARTICULATIONS SIMPLES.

1º Consonnes monogrammes.

Labiales.

B P M V F

Palatales.

L R J Z S

Siflantes.

Dentales.

D T N

Gutturales.

G C (K) H

Aspirée.

2º Consonnes digrammes.

Son mouillé.

GU QU CH

Siflante.

GN

ENSEIGNEMENT MUTUEL.

MÉTHODE DE M. JOMARD.

SONS DE LA LANGUE FRANÇAISE,

OU ÉLÉMENTS SYLLABIQUES,

[Nº 9.]

1° Voyelles monogrammes.

VOIX SIMPLES.

a *a* è *è* é *é* e *e*

i *i* o *o* u *u*

â *â* ê *ê* î *î* y *y* ô *ô* û *û*

2° Voyelles digrammes.

eu *eu* ou *ou* oi *oi*

an *an* in *in* on *on* un *un*

1° Consonnes monogrammes.

ARTICULATIONS SIMPLES.

b p *b p* m *m* v f *v f*

l r *l r* j *j* z s *z s*

d t *d t* n *n*

g c (k) *g c* (*k*) h *h*

2° Consonnes digrammes.

gu qu *gu qu* ch *ch* gn *gn*

MONITEUR.

1er PROCÉDÉ. — Indique sur le Tableau la lettre A, ou bien B, P, M, et il énonce A, ou B*é*, B*e*; P*é*, P*e*, ...

2me PROCÉDÉ. — Indique, sans énoncer, la lettre A, ou bien B, P, M, ...

3me PROCÉDÉ. — Énonce, sans indiquer, la lettre A, ou bien B*e*, P*e*, M*e*, ...

N. B. Voir les procédés et les notes des Tableaux 7 et 8.

ÉLÈVE.

— répète A, ou bien B*é*, B*e*; P*é*, P*e*; *é*M*e*, M*e*, ...

— répond A, ou bien B*e*, P*e*, M*e*, ...

— montre A, ou bien B, P, M, ...

SONS DE LA LANGUE FRANÇAISE. [N° 10.]

OU ÉLÉMENTS SYLLABIQUES.

EXEMPLES ET APPLICATIONS.

VOIX.

VOYELLES MONOGRAMMES.

a — prononcez comme dans — Ami, Api, Axe, AvAle.

è — Ère, sphÈre, pÈre.

é — Écaille, Épi, Étoffe, École, Étui, Écu.

e — cE, cEla, mE.

i — fI, IcI, Ibis, Ilot, Image, ImIter.

o — 'Or, Os, Orme, Orange, Olive.

u — Une, Uni, nU.

VOYELLES DIGRAMMES.

eu — prononcez comme dans — EUx, EUrope, EUphrate, EUphorbe.

ou — OU, OUi, OUtre, OUtil.

an — AN, ANge, ANse, ANgle, ANcre, ANtre.

on — ON, ONce, ONde, ONze, ONcles, ONgle.

in — INdigné, INjuste, INde, INjure, INforme, INsecte.

un — UN, aucUN, brUN, chacUN, alUN,

oi — OIe, OIse, OIseau,

VOYELLES MONOGRAMMES.

â — Âme, Âne, Âge.

î — Île, cîme, vîte.

ô — Ôte, Ôde, pÔle, cÔne.

ê — Ève, chÊne, tÊte, rÊve, fÈve, bÊte.

y — Yeux, Yeuse, lYre.

û — bÛche, mÛre, flÛte, chÛte.

ARTICULATIONS.

CONSONNES MONOGRAMMES.

b — Belette, Bedeau, Besace, Benoit.

v — Velours, Velu, Vedette, Venin, Vin, Vingt,

l — Le, Leçon, Levain, Levreau.

j — Je, Jeton, Jeter, Jeu, Jonc, Joujou.

d — De, Demain, Demi, Devoir, Deux.

g — Guenille, Guenon.

p — prononcez comme dans — Petit, Pepin, Pelure, Pelotte, Père, PaPa.

z — Zèle, Zinc, Zéphyr.

t — Te, Tenailles, Tenant, Tenon, TêTe,

m — prononcez comme dans — Me, Melon, Menu, Menottes, Maman.

f — Femelle, Fenêtre, Felouque, Feu, Fou,

r — Requin, Repas, Repos, Regard, Remède.

s — Se, Serin, Semer, Sequin, Sept.

n — Neveu, Neuf, Nœud, Nain.

c (k) — Cou, CouCou, Coi, Cuve.

h — Haut, Hache, Halle, Harpe.

CONSONNES DIGRAMMES.

gu — GUeule, GUé, GUi, GUet, GUêpe, GUeux.

ch — CHeval, CHeveu, CHemise, CHemin, CHeminée, CHeville.

qu — QUai, QUi, QUinze, QUinte, QU'un, vainQUeur.

gn — oGNon, roGNon, chiGNon, groGNon, piGNon, iGNorant.

MONITEUR.	ÉLÈVE.	MONITEUR.	ÉLÈVE.
1er PROCÉDÉ. — Indique et énonce A, et, après la réponse de l'élève, dit A-mi... (en appuyant sur A).	— répète A, et, après le Moniteur, il dit A-mi...	1er PROCÉDÉ. — Indique M, et énonce éMe, Me; puis, après la réponse de l'élève, il dit, Me-lon, Me-nu, en appuyant sur Me.	— répète éMe, Me; ensuite, il dit, après le Moniteur, Me-lon, Me-nu....
2me PROCÉDÉ. — Indique A sans parler.	— répond A, A-mi...	2me PROCÉDÉ. — Indique la lettre M....	— répond éMe, Me, Me-lon....
3me PROCÉDÉ. — Énonce A, A-mi, sans indiquer.	— montre la lettre A, et prononce A, A-mi...	3me PROCÉDÉ. — Énonce, comme ci-dessus, éMe, Me, Me-lon.	— montre M, en disant éMe, Me, Me-lon....

N. B. — Le Moniteur, au deuxième procédé et au troisième, ne suit plus l'ordre du Tableau, et il choisit au hasard. Au second élève, il change d'exemple, à moins que le premier ne se soit trompé, et toujours ainsi de suite.

SYLLABAIRE.

[N° 11.]

VOIX ET ARTICULATIONS SIMPLES. — SYLLABES DIRECTES.

Consonnes monogrammes
et digrammes. —
Voyelles monogrammes.

	a	è	é	e	i	o	u
b	ba	bè	bé	be	bi	bo	bu
p	pa	pè	pé	pe	pi	po	pu
m	ma	mè	mé	me	mi	mo	mu
v	va	vè	vé	ve	vi	vo	vu
f	fa	fè	fé	fe	fi	fo	fu
l	la	lè	lé	le	li	lo	lu
r	ra	rè	ré	re	ri	ro	ru
j	ja	jè	jé	je	ji	jo	ju
ch	cha	chè	ché	che	chi	cho	chu
z	za	zè	zé	ze	zi	zo	zu
s (ç)	sa	sè	sé	se	si	so	su

MONITEUR.

1ʳ PROCÉDÉ. — Indique sur le Tableau la syllabe BA, puis pose la baguette successivement sur les signes correspondants de la première colonne verticale et de la première ligne horizontale, B, A; puis il dit : Bø-A, BA....

2ᵐᵉ PROCÉDÉ. — Indique, sans énoncer, la syllabe BA, puis les signes B, A....

3ᵐᵉ PROCÉDÉ. — Énonce, sans indiquer, la syllabe BA...

N, B. — Le Moniteur suit la marche prescrite au bas des Tableaux de la première classe.

ÉLÈVE.

— répète Bø-A, BA....

— répond Bø-A, BA....
— montre la syllabe, et dit BA.

VOIX ET ARTICULATIONS SIMPLES. — SYLLABES DIRECTES *(Suite)*.

Consonnes monogrammes
et digrammes. —
Voyelles monogrammes.

	a	è	é	e	i	o	u
d	da	dè	dé	de	di	do	du
t	ta	tè	té	te	ti	to	tu
n	na	nè	né	ne	ni	no	nu
g	ga	»	»	gue	»	go	gu
C (k)	ca	kè	ké	ke	ki	co	cu
gu	»	guè	gué	gue	gui	»	gu-u
qu	»	què	qué	que	qui	»	qu-u
gn	gna	gnè	gné	gne	gni	gno	gnu
h	ha	hè	hé	he	hi	ho	hu

MONITEUR.

1ᵉʳ PROCÉDÉ. — Indique sur le Tableau la syllabe DA, ou GNA, ..., puis pose la baguette successivement sur les signes correspondants de la première colonne verticale et de la première ligne horizontale, D, A ; GN, A, ...; puis il dit De-A, DA ; GNe-A, GNA, ...

2ᵐᵉ PROCÉDÉ. — Indique, sans énoncer, la syllabe DA, ..., puis les signes D, A, ...

3ᵐᵉ PROCÉDÉ. — Énonce, sans indiquer, la syllabe DA, ...

N. B. — Le Moniteur suit la marche prescrite au bas des Tableaux de la première classe.

ÉLÈVE.

— répète De-A, DA; GNe-A; GNA, ...

— répond De-A, DA, ...

— montre la syllabe et dit DA, ...

Voyelles et consonnes monogrammes.

VOIX ET ARTICULATIONS SIMPLES. — SYLLABES INVERSES.

	a	è	i	o	u
b	ab	èb	ib	ob	ub
p	ap	èp	ip	op	up
m	am	èm	im	om	um
f	af	èf	if	of	uf
l	al	èl	il	ol	ul
r	ar	èr	ir	or	ur
z	az	èz	iz	oz	uz
s	as	ès	is	os	us
d	ad	èd	id	od	ud
t	at	èt	it	ot	ut
n	an	èn	in	on	un
g	ag	èg	ig	og	ug
c (k)	ac	èc	ic	oc	uc

MONITEUR.

1ᵉʳ PROCÉDÉ. — Indique sur le Tableau la syllabe AF, puis pose la baguette successivement sur les signes correspondants de la première colonne horizontale et de la première ligne verticale, A, F, puis il dit, A-F*e*... AF.

2ᵐᵉ PROCÉDÉ. — Indique, sans énoncer, la syllabe AM (1), puis les signes A, M.

3ᵐᵉ PROCÉDÉ. — Énonce, sans indiquer, la syllabe AM, ou OL....

(1) Toutes les articulations sonnent ici comme si elles étaient suivies d'un *e* muet; on prononce AM*e*, ÈM*e*, AN*e*, ÈN*e*, IN*e*, ON*e*, UN*e*, etc.

N. B. — Le Moniteur suit la marche prescrite au bas des Tableaux de la première classe.

ÉLÈVE.

— répète A-F*e*... AF.

— répond A-M*e*... AM*e*.

— montre la syllabe, et dit, AM, ou OL...

VOIX ET ARTICULATIONS SIMPLES. — SYLLABES DIRECTES.

Voyelles digrammes.

	eu	ou	an	in	on	un	oi
b	beu	bou	ban	bin	bon	bun	boi
p	peu	pou	pan	pin	pon	pun	poi
m	meu	mou	man	min	mon	mun	moi
v	veu	vou	van	vin	von	vun	voi
f	feu	fou	fan	fin	fon	fun	foi
l	leu	lou	lan	lin	lon	lun	loi
r	reu	rou	ran	rin	ron	run	roi
j	jeu	jou	jan	jin	jon	jun	joi
ch	cheu	chou	chan	chin	chon	chun	choi
z	zeu	zou	zan	zin	zon	zun	zoi
s	seu	sou	san	sin	son	sun	soi

MONITEUR.

1er Procédé. — Indique sur le Tableau la syllabe MOU..., puis pose la baguette successivement sur les signes correspondants de la première colonne verticale et de la première ligne horizontale, M et OU, puis il dit : Me-OU, MOU....

2me Procédé. — Indique, sans énoncer, la syllabe ZIN, puis les signes Z et IN....

3me Procédé. — Énonce, sans indiquer, la syllabe SON....

N. B. — Le Moniteur suit la marche prescrite au bas des Tableaux de la première classe.

ÉLÈVE.

— répète Me-OU, MOU....

— répond Ze-IN, ZIN....
— montre la syllabe, et dit SON

VOIX ET ARTICULATIONS SIMPLES. — SYLLABES DIRECTES, *(Suite.)*

Voyelles digrammes.

	eu	ou	an	in	on	un	oi
d	deu	dou	dan	din	don	dun	doi
t	teu	tou	tan	tin	ton	tun	toi
n	neu	nou	nan	nin	non	nun	noi
g	»	gou	gan	»	gon	gun	goi
c (k)	keu	cou	can	kin	con	cun	coi
gu	gueu	»	»	guin	»	guun	»
qu	queu	»	»	quin	»	quun	»
gn	gneu	gnou	gnan	gnin	gnon	»	»
h	heu	hou	han	hin	hon	hun	hoi

SYLLABES INVERSES.

euf	eul	eur	euc	oup	ouf	oul	our	oug
ouc	anc	ang	inc	onc	oif	oil	oir	oit

Toutes les articulations finales sonnent ici comme si elles étaient suivies d'un *e* muet (le C ayant le son K*è*, et G, le son G*Uè*).

MONITEUR.

1ᵉʳ PROCÉDÉ. — Indique sur le Tableau la syllabe DEU, ou GUIN..., puis pose la baguette successivement sur les signes correspondants de la première colonne verticale et de la première ligne horizontale, D, EU ; GU, IN... ; puis il dit: D*e*-EU, DEU, ou G*Ue*-IN, GUIN....

2ᵐᵉˢ PROCÉDÉ. — Indique, sans énoncer, la syllabe DEU, puis les signes D, EU....

3ᵐᵉˢ PROCÉDÉ. — Énonce, sans indiquer, la syllabe DEU....

ÉLÈVE.

— répète : DEU, ou GUIN....

— répond : DEU, ou GUIN....
— montre la syllabe, et dit : DEU, GUIN....

Pour les *syllabes inverses*, le Moniteur pose seulement la baguette sur la syllabe ; exemple : EUF, et il dit EUF ; l'élève répète EUF ; la suite comme à l'ordinaire.

N. B. — Le Moniteur suit la marche prescrite au bas des Tableaux de la première classe.

MÉTHODE DE M. JOMARD.

EXEMPLES ET APPLICATIONS.

Consonnes et voyelles monogram. ou digrammes.

VOIX ET ARTICULATIONS SIMPLES. (*Suite*.)

ab-ju-ré	dé-b ou-ch é	dé-fi-lé	di-gn i-té	ca-pu-ch on	c on-ju-ré
re-d ou-té	dé-mo-li	dé-ro-bé	ta-ma-r in	ca-vi-té	c on-si-gn é
sé-pa-ré	dé-m on-té	dé-ta-ch é	nu-mé-ro	ca-ch e-té	c on-s an-gu in
s ou-le-vé	dé-n ou-é	dé-c ou-pé	nu-di-té	cu-pi-d on	con-ti-gu
s ou-li-gn é	dé-vi-dé	di-la-té	ca-pi-t an	con-f on-du	gu é-ri-d on

a-no-ny-me	u-na-ni-me	ma-ri-ti-me	ma-gn a-ni-me	zo-di-a-que
é-co-no-me	in-u-ti-le	ma-ti-na-le	mo-no-to-ne	c on-so-li-de

a-vi-di-té	an-ti-qu i-té	ar-ti-cu-lé	mo-bi-li-té	ra-pi-di-té	ti-mi-di-té
a-ra-bi-qu e	in-fi-ni-té	ur-ba-ni-té	mo-ra-li-té	ri-va-li-té	to-ta-li-té
a-ri-di-té	in-di-vi-du	ma-li-gn i-té	fa-ta-li-té	sé-vé-ri-té	na-ti-vi-té
é-ga-li-té	in-di-gn i-té	ma-jo-ri-té	fé-c on-di-té	so-li-di-té	ca-la-mi-té
é-ch e-ve-lé	in-i-qu i-té	ma-tu-ri-té	fi-dé-li-té	di-vi-ni-té	cu-pi-di-té
u-ti-li-té	ac-ti-vi-té	mi-no-ri-té	fu-ti-li-té	té-mé-ri-té	c on-ca-vi-té

a-ma-bi-li-té	in-di-vi-du-a-li-té	ma-gn a-ni-mi-té	ré-gu-la-ri-té
a-mo-vi-bi-li-té	in-a-mo-vi-bi-li-té	vo-lu-bi-li-té	su-pé-ri-o-ri-té
u-na-ni-mi-té	in-é-ga-li-té	fa-mi-li-a-ri-té	s in-gu-la-ri-té
in-fé-ri-o-ri-té	in-u-ti-li-té	li-bé-ra-li-té	di-la-ta-bi-li-té
in-si-pi-di-té	ir-ré-gu-la-ri-té	l on-ga-ni-mi-té	c on-ti-gui-té

Phrases. — É-vi-te le pa-vé sa-le; ta ro-be se gâ-te. — Ta ro-be a u-ne ta-ch e; la-ve la l un-di, il fe-ra b on le ma-tin.—Voi-là mon ju-p on a-ch e-vé. —La tu-ni-qu e de toi-le se-ra fi-ni-e jeu-di; la tu-ni-qu e de co-t on, sa-me-di. —Le la-p in a un an, il fe-ra un b on rô-ti. — An-toi-ne a goû-té de mon vin; il a bu u-ne cho-pi-ne. — Si-mon a du b on vin; il i-ra à sa ca-ve; il te fe-ra boi-re de s on vin; il a ch è-te-ra ta fa-ri-ne. — Le pa-vé a é-té po-li; la b ou-le y r ou-le vi-te. — La r ou-te a peu de so-li-di-té. — Le ch e-min a é-té à de-mi ré-pa-ré, il se-ra fi-ni sa-me-di; le roi i-ra l un-di à A-vi-gn on, il se-ra re-ve-nu di-man-ch e; la r ou-te se-ra l on-gue, fa-ti-g an-te. — Voi-là la f ou-le qu i s'é-c ou-le[1]. — Ju-le a é-té à Ly-on, il y a un an; de là à Ro-me; il a vu le pa-pe, il a t ou-ch é sa mu-le. — Le b on é-lè-ve se-ra ch é-ri; l'é-lè-ve[1] mu-t in se-ra pu-ni. — Fé-né-l on se-ra le mo-dè-le du m on-de.

ARTICULATIONS DOUBLES ET VOIX SIMPLES. — SYLLABES DIRECTES.

Voyelles monogrammes.	a	è	é	e	i	o	u
bl	bla	blè	blé	ble	bli	blo	blu
br	bra	brè	bré	bre	bri	bro	bru
bs	bsa	bsè	bsé	bse	bsi	bso	bsu
pl	pla	plè	plé	ple	pli	plo	plu
pr	pra	prè	pré	pre	pri	pro	pru
ps	psa	psè	psé	pse	psi	pso	psu
pt	pta	ptè	pté	pte	pti	pto	ptu
pn	pna	pnè	pné	pne	pni	pno	pnu
mn	mna	mnè	mné	mne	mni	mno	mnu
vr	vra	vrè	vré	vre	vri	vro	vru
fl	fla	flè	flé	fle	fli	flo	flu
fr	fra	frè	fré	fre	fri	fro	fru
ft	fta	ftè	fté	fte	fti	fto	ftu
sb	sba	sbè	sbé	sbe	sbi	sbo	sbu
sp	spa	spè	spé	spe	spi	spo	spu
sm	sma	smè	smé	sme	smi	smo	smu
sv	sva	svè	své	sve	svi	svo	svu
sf	sfa	sfè	sfé	sfe	sfi	sfo	sfu
sl	sla	slè	slé	sle	sli	slo	slu

MONITEUR.

1er PROCÉDÉ. — Indique, sur le Tableau, la syllabe BLA, ou FRO...; ensuite il pose la baguette successivement sur les signes correspondants de la première colonne verticale et de la première ligne
horizontale BL, A; puis il dit BLe-A, BLA....

2me PROCÉDÉ. — Indique, sans énoncer, la syllabe BLA, puis les signes BL, A....

3me PROCÉDÉ. — Énonce, sans indiquer, la syllabe BLA....

ÉLÈVE.

— répète BLe, A... BLA; FRe, A... FRA....

— répond : BLe-A... BLA....
— montre cette syllabe, et dit BLA....

N. B. — Le Moniteur suit la marche prescrite au bas des Tableaux de la première classe.

Il faut glisser rapidement sur l'e muet qui se fait sentir entre les deux consonnes des articulations doubles.

ARTICULATIONS DOUBLES ET VOIX SIMPLES. — SYLLABES DIRECTES. (*Suite.*)

Voyelles monogrammes.	a	è	é	e	i	o	u
sd	sda	sdè	sdé	sde	sdi	sdo	sdu
st	sta	stè	sté	ste	sti	sto	stu
sn	sna	snè	sné	sne	sni	sno	snu
sg	sga	»	»	»	»	sgo	sgu
sc (sk)	sca	»	»	»	»	sco	scu
squ	»	squè	squé	sque	squi	»	»
dr	dra	drè	dré	dre	dri	dro	dru
tm	tma	tmè	tmé	tme	tmi	tmo	tmu
tl	tla	tlè	tlé	tle	tli	tlo	tlu
tr	tra	trè	tré	tre	tri	tro	tru
ts	tsa	tsè	tsé	tse	tsi	tso	tsu
gl	gla	glè	glé	gle	gli	glo	glu
gr	gra	grè	gré	gre	gri	gro	gru
x=gz	xa	xè	xé	xe	xi	xo	xu
cl	cla	clè	clé	cle	cli	clo	clu
cr	cra	crè	cré	cre	cri	cro	cru
x=cs	xa	xè	xé	xe	xi	xo	xu
ct	cta	ctè	cté	cte	cti	cto	ctu
cn	cna	cnè	cné	cne	cni	cno	cnu
ill	illa	illè	illé	ille	illi	illo	»

MONITEUR.	ÉLÈVE.
1er PROCÉDÉ. — Indique sur le Tableau la syllabe GLA, ou CLI...; ensuite il pose la baguette successivement sur les signes correspondants de la première colonne verticale et de la première ligne horizontale GL, A, puis il dit GLe-A, GLA....	— répète GLe-A, GLA....
2me PROCÉDÉ. — Indique, sans énoncer, la syllabe CLI, puis les signes CL, A....	— répond CLe-I, CLI....
3me PROCÉDÉ. — Énonce, sans indiquer, la syllabe CLI...	— montre cette syllabe, et dit CLI...

N. B. — Le Moniteur suit la marche prescrite au bas des Tableaux de la première classe.

UN ÉLÉMENT DOUBLE ET UN ÉLÉMENT SIMPLE.

ARTICULATIONS DOUBLES ET VOIX SIMPLES. — SYLLABES DIRECTES.

Voyelles digrammes.	eu	ou	an	in	on	un	oi
bl	bleu	blou	blan	blin	blon	blun	bloi
br	breu	brou	bran	brin	bron	brun	broi
pl	pleu	plou	plan	plin	plon	plun	ploi
pr	preu	prou	pran	prin	pron	prun	proi
ps	pseu	psou	psan	psin	pson	psun	»
vr	vreu	vrou	vran	vrin	vron	vrun	»
fl	fleu	flou	flan	flin	flon	flun	floi
fr	freu	frou	fran	frin	fron	frun	froi
sp	speu	spou	span	spin	spon	spun	spoi
st	steu	stou	stan	stin	ston	stun	stoi
sc (sk)	»	scou	scan	»	scon	scun	scoi
dr	dreu	drou	dran	drin	dron	drun	droi
tr	treu	trou	tran	trin	tron	trun	troi
gl	gleu	glou	glan	glin	glon	glun	gloi
gr	greu	grou	gran	grin	gron	grun	groi
x = gz	xeu	xou	xan	xin	xon	xun	xoi
cl	cleu	clou	clan	clin	clon	clun	cloi
cr	creu	crou	cran	crin	cron	crun	croi
x = cs	xeu	xou	xan	xin	xon	xun	xoi
ill	illeu	illou	illan	illin	illon	»	»

MONITEUR.

1er PROCÉDÉ. — Indique sur le Tableau la syllabe PLEU, ou FRON...; puis il pose la baguette successivement sur les signes correspondants de la première colonne verticale et de la première ligne horizontale PL-EU, puis il dit PL*e*, EU; PLEU....

2me PROCÉDÉ. — Indique, sans énoncer, la syllabe PLEU, puis les signes PL, EU....

3me PROCÉDÉ. — Énonce, sans indiquer, la syllabe PLEU....

ÉLÈVE.

— répète PL*e*-EU, PLEU....

— répond PL*e*-EU, PLEU....
— montre cette syllabe, et dit PLEU....

N. B. — Le Moniteur suit la marche prescrite au bas des Tableaux de la première classe.

ARTICULATIONS SIMPLES ET VOIX DOUBLES. — SYLLABES DIRECTES.

1° Deux voyelles monogrammes. | **2° Une voyelle monogramme et une digramme.**

	ia	iè	ié	io	ui	ieu	ian	ien (1) (iin)	ion	oin	oui
b	bia	biè	bié	bio	bui	bieu	bian	bien	bion	boin	boui
p	pia	piè	pié	pio	pui	pieu	pian	pien	pion	poin	poui
m	mia	miè	mié	mio	mui	mieu	mian	mien	mion	moin	moui
v	via	viè	vié	vio	vui	vieu	vian	vien	vion	voin	voui
f	fia	fiè	fié	fio	fui	fieu	fian	fien	fion	foin	foui
l	lia	liè	lié	lio	lui	lieu	lian	lien	lion	loin	loui
r	ria	riè	rié	rio	rui	rieu	rian	rien	rion	roin	roui
g,j	gia	giè	gié	gio	»	gieu	gian	gien	gion	join	joui
ch	chia	chiè	chié	chio	chui	chieu	chian	chien	chion	choin	choui
z	zia	ziè	zié	zio	zui	zieu	zian	zien	zion	zoin	zoui
s	sia	siè	sié	sio	sui	sieu	sian	sien	sion	soin	soui
d	dia	diè	dié	dio	dui	dieu	dian	dien	dion	doin	doui
t	tia	tiè	tié	tio	tui	tieu	tian	tien	tion	toin	toui
n	nia	niè	nié	nio	nui	nieu	nian	nien	nion	noin	noui
gu	guia	guiè	guié	guio	»	guieu	guian	guien	guion	»	»
qu	quia	quiè	quié	quio	»	quieu	quian	quien	quion	»	»

5° SYLLABES INVERSES.

iab	iaf	ial	iar	ias	iag	iac	ief	iel	ier	iec
iol	ior	ios	iot	ioc	uif	uil	uir	ieul	ieur	ouir

4° AUTRES VOIX DOUBLES.

cuè biou chiou quiou juan chouan buin juin suin cuin souin

Le Moniteur commence par exercer les Élèves sur les voix doubles, formant la première colonne horizontale du Tableau; il prononce et fait prononcer rapidement la première des deux voix I-A... I-EU... OU-I; ensuite :

MONITEUR.

1er PROCÉDÉ. — Indique, sur le Tableau, la première syllabe BIA (première partie du Tableau), ou bien FOIN (deuxième partie)..., puis pose la baguette successivement sur la syllabe et sur la première colonne verticale, et le groupe correspondant de la première ligne horizontale, B, IA, ou F, OIN...; puis dit : Be-IA, BIA..., ou Fe-OIN, FOIN....

2me PROCÉDÉ. — Indique, sans énoncer, la syllabe BIA, puis le signe IA....

3me PROCÉDÉ. — Énonce, sans indiquer, la syllabe BIA....

3me partie du Tableau : le Moniteur dit IA-Be, IAB; UI-Fe, UIF; IEU-Re, IEUR. — 4me partie du Tableau : le Moniteur indique, exemple : BIOU, et dit Be-IOU, etc....

ÉLÈVE.

— répète : Be-IA, BIA; Fe-OIN, FOIN....

— répond : Be-IA, BIA....

— montre la syllabe, et dit : BIA....

N. B. — Le Moniteur suit la marche prescrite au bas des Tableaux de la première classe.

(1) Dans la colonne IEN, la voix IN est représentée par EN (voyez Ve classe). — Il faut faire attention qu'on doit couper OUI par OU-I et non par O-UI.

UNE VOIX ENTRE DEUX ARTICULATIONS. — SYLLABES COMPOSÉES.

Voyelles monogrammes.

	a	è	i	o	u		a	è	i	o	u
b	bab	bèb	bib	bob	bub	**f**	fal	fèl	fil	fol	ful
	bap	bèp	bip	bop	bup		far	fèr	fir	for	fur
	baf	bèf	bif	bof	buf		fas	fès	fis	fos	fus
	bal	bèl	bil	bol	bul		fat	fèt	fit	fot	fut
	bar	bèr	bir	bor	bur		fac	fèc	fic	foc	fuc
	bas	bès	bis	bos	bus	**l**	lab	lèb	lib	lob	lub
	bad	bèd	bid	bod	bud		lap	lèp	lip	lop	lup
	bat	bèt	bit	bot	but		lam	lèm	lim	lom	lum
	bag	bèg	big	bog	bug		laf	lèf	lif	lof	luf
	bac	bèc	bic	boc	buc		lal	lèl	lil	lol	lul
p	paf	pèf	pif	pof	puf		lar	lèr	lir	lor	lur
	pal	pèl	pil	pol	pul		las	lès	lis	los	lus
	par	pèr	pir	por	pur		lad	lèd	lid	lod	lud
	pas	pès	pis	pos	pus		lat	lèt	lit	lot	lut
	pad	pèd	pid	pod	pud		lag	lèg	lig	log	lug
	pat	pèt	pit	pot	put		lac	lèc	lic	loc	luc
	pag	pèg	pig	pog	pug	**r**	rab	rèb	rib	rob	rub
	pac	pèc	pic	poc	puc		rap	rèp	rip	rop	rup
m	mam	mèm	mim	mom	mum		raf	èf	rif	rof	ruf
	maf	mèf	mif	mof	muf		ral	rèl	ril	rol	rul
	mal	mèl	mil	mol	mul		rar	rèr	rir	ror	ruf
	mar	mèr	mir	mor	mur		ras	rès	ris	ros	rus
	mas	mès	mis	mos	mus		rad	rèd	rid	rod	rud
	mad	mèd	mid	mod	mud		rat	rèt	rit	rot	rut
	mat	mèt	mit	mot	mut		rag	règ	rig	rog	rug
	mac	mèc	mic	moc	muc		rac	rèc	ric	roc	ruc
v	vaf	vèf	vif	vof	vuf	**j**	jab	jèb	jib	job	jub
	val	vèl	vil	vol	vul		jap	jèp	jip	jop	jup
	var	vèr	vir	vor	vur		jal	jèl	jil	jol	jul
	vas	vès	vis	vos	vus		jar	jèr	jir	jor	jur
	vad	vèd	vid	vod	vud		jas	jès	jis	jos	jus
	vat	vèt	vit	vot	vut		jag	jèg	jig	jog	jug
	vac	vèc	vic	voc	vuc		jac	jèc	jic	joc	juc

MONITEUR.

1ᵉʳ PROCÉDÉ. — Indique, sur le Tableau, la syllabe BIB, ou JAL..., en posant la baguette successivement sur les signes correspondants de la première colonne verticale et de la première ligne horizontale B, I, B, et ensuite sur la syllabe BIB; puis il dit : Be-I-Be, BIB; il indique J, A, L, JAL, et dit : Je-A-Le, JAL...

2ᵐᵉ PROCÉDÉ. — Indique, sans énoncer, la syllabe BIB, puis les signes B, I, B, BIB....

3ᵐᵉ PROCÉDÉ. — Énonce, sans indiquer, la syllabe BIB....

N. B. — Le Moniteur suit la marche prescrite au bas des Tableaux de la première classe. — Prononcez MAM*e*, MÈM*e*, MIM*e*, etc.

ÉLÈVE.

— répète Be-I-Be, BIB; Je-A-Le, JAL....

— répond : Be-I-Be, BIB....

— montre la syllabe et dit : BIB....

UNE VOIX ENTRE DEUX ARTICULATIONS. — SYLLABES COMPOSÉES. (*Suite.*)

Voyelles monogrammes.

	a	è	i	o	u		a	è	i	o	u
ch	chap	chèp	chip	chop	chup	**d**	dat	dèt	dit	dot	dut
	chaf	chèf	chif	chof	chuf		dac	dèc	dic	doc	duc
	chal	chèl	chil	chol	chul	**t**	tab	tèb	tib	tob	tub
	char	chèr	chir	chor	chur		tam	tèm	tim	tom	tum
	chas	chès	chis	chos	chus		taf	tèf	tif	tof	tuf
	chac	chèc	chic	choc	chuc		tal	tèl	til	tol	tul
z	zab	zèb	zib	zob	zub		tar	tèr	tir	tor	tur
	zaf	zèf	zif	zof	zuf		tas	tès	tis	tos	tus
	zal	zèl	zil	zol	zul		tad	tèd	tid	tod	tud
	zar	zèr	zir	zor	zur		tat	tèt	tit	tot	tut
	zas	zès	zis	zos	zus		tac	tèc	tic	toc	tuc
	zad	zèd	zid	zod	zud	**n**	nab	nèb	nib	nob	nub
	zag	zèg	zig	zog	zug		naf	nèf	nif	nof	nuf
	zac	zèc	zic	zoc	zuc		nal	nèl	nil	nol	nul
s	sab	sèb	sib	sob	sub		nar	nèr	nir	nor	nur
	sap	sèp	sip	sop	sup		nas	nès	nis	nos	nus
	sam	sèm	sim	som	sum		nat	nèt	nit	not	nut
	saf	sèf	sif	sof	suf		nac	nèc	nic	noc	nuc
	sal	sèl	sil	sol	sul	**g**	gab	guèb	guib	gob	gub
	sar	sèr	sir	sor	sur		gap	guèp	guip	gop	gup
	sas	sès	sis	sos	sus		gam	guèm	guim	gom	gum
	sad	sèd	sid	sod	sud		gaf	guèf	guif	gof	guf
	sat	sèt	sit	sot	sut		gal	guèl	guil	gol	gul
	sag	sèg	sig	sog	sug		gar	guèr	guir	gor	gur
	sac	sèc	sic	soc	suc		gaz	guèz	guiz	goz	guz
d	dab	dèb	dib	dob	dub		gas	guès	guis	gos	gus
	daf	dèf	dif	dof	duf		gad	guèd	guid	god	gud
	dal	dèl	dil	dol	dul		gat	guèt	guit	got	gut
	dar	dèr	dir	dor	dur		gag	guèg	guig	gog	gug
	das	dès	dis	dos	dus		gac	guèc	guic	goc	guc

MONITEUR.

1er PROCÉDÉ. — Indique, sur le Tableau, la syllabe CHAP, ou bien NIC..., en posant la baguette successivement sur les signes correspondants de la première colonne verticale et de la première ligne horizontale CH , A, et ensuite sur la syllabe CHAP, ou sur N, I, et sur NIC; puis il dit : CHe-AP, CHAP; Ne-IC, NIC....

2me PROCÉDÉ. — Indique, sans énoncer, la syllabe CHAP, puis les signes CH , AP, CHAP....

3me PROCÉDÉ. — Énonce, sans indiquer, la syllabe CHAP....

N. B. — Le Moniteur suit la marche prescrite au bas des Tableaux de la première classe.

ÉLÈVE.

— répète CHe-AP, CHAP; Ne-IC, NIC....

— répond : CHe-AP, CHAP....

— montre la syllabe et dit : CHAP....

TROIS ÉLÉMENTS SIMPLES.

UNE VOIX ENTRE DEUX ARTICULATIONS. — SYLLABES COMPOSÉES. (*Suite.*)

Voyelles monogrammes.

	a	è	i	o	u		a	è	i	o	u
c	cab	kèb	kib	cob	cub	c	cad	kèd	kid	cod	cud
	cap	kèp	kip	cop	cup		cat	kèt	kit	cot	cut
	cam	kèm	kim	com	cum		cag	kèg	kig	cog	cug
	caf	kèf	kif	cof	cuf		cac	kèc	kic	coc	cuc
	cal	kèl	kil	col	cul	gn	gnal	gnèl	»	gnol	»
	car	kèr	kir	cor	cur		gnar	gnèr	»	gnor	»
	cas	kès	kis	cos	cus		gnac	gnèc	gnic	gnoc	»

Voyelles digrammes.

beuf	boul	beur	bour	boir	bouc	pouf	poul	poil
peur	pour	poir	pous	mouf	moul	meur	mour	moir
mous	mouc	veuf	voul	voil	veur	vour	voir	foul
feur	four	foir	fous	fouc	loup	louf	loul	leur
lour	loir	louc	roum	roul	reur	rour	roir	rous
jeur	jour	joug	cheur	chœur	choir	chouc	soup	seuf
souf	soif	soit	seul	soul	seur	four	soir	sous
souc	doul	deur	dour	doir	douc	tout	toul	toil
teur	tour	toir	tous	touc	noub	neuf	nouf	neur
nour	noir	goub	gouf	gout	goul	gour	gous	gueul
gueur	coub	coup	couf	cous	coul	cour	queur	gneur

VOIX SIMPLES ET ARTICULATIONS DOUBLES. — SYLLABES INVERSES (1).

aps	apt	alm	alt	alc	ars	art	arc	ast	asc	ax (cs)	act
aill	eps	elm	elt	erf	ers	erc	est	esc	ex (cs)	ect	eill
ist	isc	ix (cs)	ict	ops	olm	olt	orf	ors	orc	ost	osc
ox (cs)	ulm	urc	ust	usc	cuill	oult	ours	ourc	ouill	inx	inct

Partie supérieure. — On procède comme aux Tableaux n° 22 et 23.

Parties moyenne et inférieure.

MONITEUR.

1er PROCÉDÉ. — Indique sur le Tableau la syllabe BOUR, ou bien APS... ; ensuite il pose la baguette sur le premier signe B, ou sur A... ; puis il dit : Be-OUR, BOUR, ou A-PSe, APS....

2me PROCÉDÉ. — Indique, sans énoncer, la syllabe BOUR, puis les signes B, OUR....

3me PROCÉDÉ. — Énonce, sans indiquer, la syllabe BOUR....

ÉLÈVE.

— répète : Be-OUR, BOUR; A-PSe, APS....

— répond : Be-OUR, BOUR....

— montre la syllabe, et dit : BOUR....

N. B. — Le Moniteur suit la marche prescrite au bas des Tableaux de la première classe.

(1) Voir les Tableaux n° 18, 19 et 20.

1° TROIS ÉLÉMENTS SIMPLES; 2° UN ÉLÉMENT SIMPLE, *plus* UN ÉLÉMENT DOUBLE.

ou-bli	flo-rin	ga-scon	cha-grin	fé-mur	jar-gon	tur-ban	lé-gal
a-bri	flo-con	dra-gon	cro-chu	four-mi	ma-jor	tur-quin	gour-din
é-cran	fri-pon	ca-dran	bal-con	four-che	char-don	con-tour	bo-cal
a-zur	fru-gal	gou-dron	bour-don	lar-don	san-dal	fa-nal	lo-cal
é-gal	sa-fran	tré-pan	sou-pir	ba-zar	mé-tal	jour-nal	car-don
é-tui	fron-ton	tro-gnon	as-pic	sub-til	quin-tal	che-nal	car-ton
prê-ché	ja-smin	gre-nu	pour-tour	sul-tan	tor-chon	ca-nal	cor-don
fla-con	pi-ston	gro-gnon	mar-ché	jar-din	toc-sin	si-gnal	cor-nu

a-mi-ral	al-bà-tre	in-for-mé	ar-chi-duc	af-fer-mir	é-pa-gneul	bal-da-quin
a-vor-ton	ar-se-nal	ab-sor-bé	ad-jec-tif	ar-ti-mon	ba-ta-illon	bro-de-quin
A-fri-que	ar-se-nic	ab-sur-de	pra-ti-qué	of-fus-qué	mé-da-illon	ma-ré-chal
a-ni-mal	pro-bi-té	af-fec-té(1)	ma-dri-gal	blâ-ma-ble	mor-fon-du	re-mar-qué
é-plu-ché	vo-lup-té	por-ta-tif	rus-ti-que	pro-pre-té	mou-tar-de	par-che-min
é-dre-don	vo-ca-tif	pro-fa-né	sal-pê-tre	pro-nos-tic	ré-flé-chir	sec-ta-teur
é-cla-té	fa-cul-té	mi-né-ral	se-cou-rir	ma-chi-nal	re-cour-bé	sé-duc-teur
é-cor-ché	ra-di-cal	vé-tus-té	sol-va-ble	mé-di-cal	zé-la-teur	sub-stan-tif
ar-ti-ste	ro-ca-ille	vic-ti-me	sou-ve-nir	mé-tri-que	sar-ca-sme	chi-ca-neur
ab-la-tif	sur-di-té	vic-toi-re	cha-ste-té	mo-na-cal	sé-né-chal	dé-mar-qué
al-ar-mé	syl-la-be	vo-mi-tif	cha-gri-né	re-mon-tré	scan-da-le	dé-pour-vu
ad-op-té	dé-cla-ré	sur-vi-vre	dé-fri-ché	ré-for-mé	char-la-tan	dic-ta-teur
ad-op-tif	di-spu-té	dé-fal-qué	doc-tri-ne	som-mi-té	dé-bi-teur	tour-ne-sol
in-é-gal	gra-vi-té	dé-pra-vé	gut-tu-ral	sys-tè-me	di-stin-gué	gan-gre-né
fé-o-dal	cru-di-té	tri-bu-nal	car-di-nal	dé-mon-tré	ca-po-ral	col-por-teur
ca-pi-tal	cul-ti-vé	noi-râ-tre	car-na-val	dé-cou-dre	con-for-mé	cor-ni-chon
co-li-bri	cu-ra-tif	con-ju-gal	con-dui-te	gar-de-fou	cor-mo-ran	quin-qui-na

é-pi-lo-gueur	ag-glu-ti-né	pro-pri-é-té	po-sté-ri-té	syl-la-bi-que
é-pi-sco-pal	sa-lu-bri-té	pro-spé-ri-té	stu-pi-di-té	fi-gu-ra-tif
é-gra-ti-gné	so-bri-é-té	fri-vo-li-té	ma-dré-p-ore	no-mi-na-tif
in-fir-mi-té	bru-ta-li-té	spé-cu-la-tif	neu-tra-li-té	con-sé-cu-tif
in-for-tu-né	plu-ra-li-té	fru-ga-li-té	mi-cro-sco-pe	mo-dé-ra-teur
in-di-ca-tif	pré-pa-ra-tif	sta-bi-li-té	for-ma-li-té	li-bé-ra-teur
in-té-gri-té	pré-mé-di-té	dé-gu-sta-teur	con-for-mi-té	nu-mé-ra-teur
ab-sur-di-té	pré-di-ca-teur	sté-ri-li-té	sub-ti-li-té	cap-ti-vi-té

a-bo-mi-na-ble	pro-di-ga-li-té	dé-no-mi-na-teur	in-sol-va-bi-li-té
al-lé-go-ri-que	in-tré-pi-di-té	ca-lom-ni-a-teur	pé-né-tra-bi-li-té
an-ta-go-ni-ste	pro-ba-bi-li-té	Con-stan-ti-no-ple	in-cor-rup-ti-bi-li-té

MONITEUR.

1ᵉʳ PROCÉDÉ. — Indique un mot, exemple : MÉ-TAL... VIC-TI-ME, en appuyant sur chaque syllabe; il pose la baguette successivement sur chaque syllabe, puis il dit : Me-É, MÉ; Te-AL, TAL; ou Ve-IC, VIC; Te-I, TI; Me-E, ME....

2ᵐᵉ PROCÉDÉ. — Indique sans énoncer; exemple : le mot BOUR-DON, en deux temps....

3ᵐᵉ PROCÉDÉ. — Énonce sans indiquer; exemple : le mot PO-STÉ-RI-TÉ, en quatre temps....

ÉLÈVE.

— répète : MÉ-TAL, Me-É, MÉ; Te-AL, TAL.... VIC-TI-ME; Ve-IC, VIC; Te-I, TI; Me-E, ME....

— répond : BOUR-DON; Be-OUR, BOUR; De-ON, DON....

— montre le mot, et dit : PO-STÉ-RI-TÉ....

N. B. — Le Moniteur suit la marche prescrite au bas des Tableaux de la première classe. — Le maître fera remarquer aux *moniteurs* que tous les mots de ce Tableau sont formés de syllabes comprises dans les Tableaux précédents; exemple: *arsenal; ar*, Tabl. 13; *se*, T. 11; *nal*, T. 23... *spéculatif; spé*, T. 18; *cu*, T. 12; *la*, T. 11; *tif*, T. 23. Il les exercera à former d'autres mots de la même manière; lui-même ajoutera aisément d'autres mots semblables, pour augmenter le nombre des exemples et des applications.

(1) L'*e* se prononce presque toujours *è* dans les syllabes composées.

DIEU, le père de tou·te la na·tu·re;—**D**IEU a vou·lu que le *règne a·ni·mal* fût cré·é à la fin. — L'a[1]·ni·mal a donc pa·ru sur le glo·be à la sui·te de la plan·te, de mê·me que la plan·te a vu le jour à la sui·te du règne mi·né·ral. On di·stin·gue, I° l'a·ni·mal *ver·té·bré;* II° l'a·ni·mal *ar·ti·cu·lé;* III° l'a·ni·mal *mol·lus·que;* IV° l'a·ni·mal *é·toi·lé* ou *ra·dié.* — I° Il y a le ver·té·bré *vi·vi·pa·re,* re·vê·tu de poil (le *mam·mi·fè·re*); le ver·té·bré *o·vi·pa·re,* re·vê·tu de plu·me (le *vo·la·ti·le*); le ver·té·bré *o·vi·pa·re,* nu ou re·vê·tu d'é[1]·ca·ille (le *rep*[2]·*ti·le*); le ver·té·bré *o·vi·pa·re* a·qua·ti·que[3], qui ha[4]·bi·te un mi·lieu li·qui·de. — On di·stin·gue le mam·mi·fè·re qua·dru·pè·de, tel que le li·on; le mam·mi·fè·re qua·dru·ma·ne, tel que le sa·pa·jou; **D**IEU a cré·é un seul ê·tre bi·ma·ne, bi·pè·de, le seul dou·é de la pa·ro·le, l'ê·tre qui do·mi·ne sur tou·te la sé·ri·e a·ni·ma·le. — Il y a mam·mi·fè·re on·gu·lé ou so·li·pè·de, tel que le che·val; mam·mi·fè·re on·gui·cu·lé, tel que le ti·gre ou le chat à on·gle ré·tra·cti·le. — La plu·me du vo·la·ti·le a é·té for·mé·e pour la mê·me fin que le poil du mam·mi·fè·re, l'é[1]·ca·ille du rep[2]·ti·le, l'é·ca·ille de l'a[1]·ni·mal a·qua·ti·que. —Tout ê·tre a·ni·mé a un ca·ra·ctè·re pro·pre, ou un cri qui le di·stin·gue, ou u·ne ha[4]·bi·tu·de à lui. — La va·che beu·gle; le mou·ton bê·le; le co·chon gro·gne; le chien ja·pe; la pi·e bà·var·de; le coq chan·te; le se·rin chan·te; le cri du hi·bou, du cha·cal, in·spi·re la mé·lan·co·li·e; le porc-é·pic gro·gne à la ma·niè·re du co·chon. — La va·che ru·mi·ne, la bi·che ru·mi·ne, tou·te bê·te à cor·ne ru·mi·ne. — Le chien a la fi·dé·li·té d'un a·mi sûr; le do·gue é·tran·gle ou é·loi·gne le vo·leur. — Le mou·ton va à la vo·lon·té du pâ·tre, l'â·ne tê·tu re·cu·le, la mu·le tê·tu·e s'obs·ti·ne. — Le bouc, la chè·vre, l'i·zar, mon·té sur la ci·me du roc, brou·te le pré sur le pic es·car·pé. — Le liè·vre a un gî·te; l'ours, le li·on, le la·pin, u·ne ta·niè·re; tan·dis que le cas·tor ha[4]·bi·te u·ne ca·ba·ne so·li·de, qu'il fa·bri·que lui-mê·me a·vec sa queu·e, pla·te, o·va·le. — On van·te le che·val pour sa for·me é·lé·gan·te, sa va·leur, sa fier·té; l'â·ne pour sa so·bri·é·té, pour son u·ti·li·té. — Il y a le che·val de mon·tu·re, le che·val de voi·tu·re, de la·bour, de ba·ta·ille. — La chè·vre de Ca·che·mi·re a un poil ad·mi·ra·ble; le la·ma, de mê·me que la vi·go·gne, ou le mou·ton mé·ri·nos, por·te un poil fin pres·qu'à l'é·gal de la soi·e. — La mar·mo·te, a·ni·mal qui con·su·me l'hi[4]·ver à dor·mir, de mê·me que le loir. — Le porc-é·pic se rou·le en bou·le; il por·te sur cha·que par·ti·e de son in·di·vi·du, mê·me sur la tê·te, u·ne poin·te lon·gue, du·re. — Le liè·vre, à la cour·se ra·pi·de; la tor·tu·e, à la mar·che lour·de; le crâ·be, à la mar·che ré·tro·gra·de. — L'an[1]·ti·lo·pe, à la ta·ille fi·ne. — Le che·val her·bi·vo·re, le ti·gre car·ni·vo·re, l'ours om·ni·vo·re, — L'é·lan brou·te, le chien a·va·le, le li·on dé·vo·re.

MONITEUR.

1er PROCÉDÉ. — Lit chaque phrase par paragraphe en appuyant sur toutes les syllabes; exemple : DIEU, LE PÈ-RE DE TOU-TE LA NA-TU-RE. — LA PLU-ME DU VO-LA-TI-LE A É-TÉ FOR-MÉ-E POUR LA MÊ-ME FIN....

2me PROCÉDÉ. — Indique le paragraphe, sans énoncer. Après les réponses des élèves, il passe à un autre paragraphe.

ÉLÈVE.

— Tous les élèves suivent sur le Tableau; ensuite chacun lit à son tour un des mots du paragraphe. Le 1er dit : DIEU; le 2me, LE; le 3me, PÈ-RE; le 4me, DE; le 5me, TOU-TE; le 6me, LA; le 7me, NA-TU-RE...

— Le 1er répond : LA; le 2me, PLU-ME, la suite comme ci-dessus.... Le dernier lit le paragraphe de suite....

N. B. — Le Moniteur suit la marche prescrite au bas des Tableaux de la première classe.

Le maître fera remarquer aux *moniteurs* que toutes les syllabes de ce Tableau sont comprises dans les précédents; exemple : *Dieu,* tabl. 21; *le,* tabl. 11; *père,* tabl. 11... *Dis-tin-gue,* tabl. 12, 20, 12...

(1) *L'a, d'é, l'é, d'un, l'an...* se prononcent comme *la, dé, lé, dun, lan...* — (2) *e* dans *rep,* et les syllabes analogues, se prononce *é.* *Voy.* Tabl. 22-24. — (3) Prononcez *acouatique.* — (4) On prononce ici *ha, l'hi,* comme *a, li.*

(*) Il n'est pas nécessaire d'avertir que ce tableau abrégé est nécessairement très-incomplet; il a été assujetti d'ailleurs à la condition rigoureuse qu'aucun des mots ne fût puisé ailleurs que dans les Tableaux qui précèdent, nos 11-15, 18-24; il est seulement destiné à faire naître le goût de l'histoire naturelle, et à stimuler la curiosité qui caractérise le premier âge. *Voy.* la suite n° 27.

EXEMPLES ET APPLICATIONS. — *Petite esquisse du règne animal. (Suite.) (*)*

Suite de **I°.** Tout a·ni·mal ver·té·bré qui por·te plu·me, le mi·lan, le cor·mo·ran, l'i·bis, le mer·le, le co·li·bri..., vo·le, vo·le·ra, ni·che·ra, pon·dra. — La pou·le cou·ve, la din·de cou·ve, l'oi·e cou·ve. — Vo·la·ti·le do·me·sti·que, pou·le, coq, din·de, oi·e, ca·ne·ton, cha·pon, pin·ta·de.... — Le pé·li·can, mo·dè·le de l'a·mour ma·ter·nel. — Le pin·son, a·ni·mal vif, les·te, d'u·ne ex·trê·me mo·bi·li·té. — La gri·ve, de mê·me que la ca·ille[1] ou l'ou·tar·de, l'or·to·lan..., four·nit u·ne vian·de dé·li·ca·te pour la ta·ble. — A la sui·te, on é·tu·di·e le rep·ti·le, tel que la cou·leu·vre, l'a·spic, la vi·pè·re, le cro·ta·le, le de·vin ou bo·a, ter·ri·ble par son venin; la gre·nou·ille, la sa·la·man·dre; le ca·mé·lé·on, qui dar·de au loin sa lan·gue glu·an·te, pour a·voir la mou·che qui for·me sa pâ·tu·re; la tor·tu·e, qui por·te sa de·meu·re, é·ca·ille é·nor·me qui la cou·vre tou·te; le ca·ï[2]·man, cro·co·di·le d'A·mé·ri·que; le ga·vi·al, cro·co·di·le de l'In·de; le cro·co·di·le du Nil, a·ni·mal d'u·ne gran·deur co·los·sa·le, qui se ru·e sur sa proi·e a·vec u·ne ar·deur dé·vo·ran·te. — A la sui·te du rep·ti·le, on ob·ser·ve l'a·ni·mal a·qua·ti·que : dans u·ne ri·viè·re, la car·pe, la per·che, l'an·gui·lle[1], la tan·che, le gou·jon...; dans[2] la mer, la mo·ru·e, le re·quin, le mer·lan, la sar·di·ne, le chien[2] de mer, la li·man·de, la so·le, la bar·bu·e, la mer·lu·che, la mu·rè·ne, l'é·per·lan.... — La tor·pi·lle[1] pro·duit u·ne sor·te de stu·peur sur qui·con·que la tou·che. — **II°** L'a·ni·mal *ar·ti·cu·lé* char·me l'ob·ser·va·teur, pour la mul·ti·tu·de in·fi·ni·e de cha·que tri·bu d'in·sec·te; — pour la di·ver·si·té de cou·leur et de fi·gu·re qui s'y trou·ve; — pour la sin·gu·la·ri·té du mo·de par le quel un in·sec·te se trans·for·me, soit en ver, lar·ve ou che·ni·lle; soit en un co·con qui res·te im·mo·bi·le; soit en pa·pi·llon[1] ou in·sec·te a·che·vé. — Cha·cun a vu, a pu voir, le sca·ra·bé·e, la guê·pe, le fré·lon, le bour·don, la four·mi, la mou·che, l'a·be[3]·ille, ou bien l'an·né·li·de, ou le cra·be, la lan·gous·te, le clo·por·te. Qui i·gno·re l'é·co·no·mi·e de la four·mi, mo·dè·le re·mar·qua·ble du tra·vail[1] as·si·du? ou bien[2] l'in·du·stri·e de l'a·be[3]·ille ou·vriè·re? La ré·gu·la·ri·té de sa ru·che four·nit u·ne preu·ve é·cla·tan·te de son ha·bi·le·té in·stin·cti·ve. — **III°** *Mol·lu·sque*, nu ou à cou·ver·tu·re, di·te co·qui·lle[1], u·ni·val·ve (à u·ne bran·che), ou bi·val·ve (à dou·ble bran·che); tel que le poul·pe, le cal·mar, la sè·che, d'où se ti·re la sé·pi·a, li·queur noi·re, pro·pre à l'é·cri·tu·re... la pour·pre, la vo·lu·te, la tou·pi·e, la mou·le, l'huî·tre, co·qui·lle co·mes·ti·ble[3]. — **IV°** A·ni·mal dit *é·toi·lé*, dé·pour·vu de tê·te, pri·vé de l'or·ga·ne par le quel on res·pi·re[3], a·na·lo·gue à la plan·te, tel que le ver in·tes·ti·nal, le gas·té·ro·po·de, le po·ly·pe, l'our·sin, le pro·té·e qui va·ri·e de for·me à cha·que mi·nu·te, la ro·ti·fè·re qui tour·ne en rou·e a·vec ra·pi·di·té, la mo·na·de, ê·tre mi·cro·sco·pi·que, le moin·dre de tou·te la na·tu·re vi·van·te.

MONITEUR.

ÉLÈVE.

1er Procédé. — Lit chaque phrase, par paragraphe, en appuyant sur chaque syllabe; exemple : LE PÉ-LI-CAN, MO-DÈ-LE DE L'A-MOUR MA-TER-NEL...

— Tous les élèves suivent sur le Tableau; ensuite chacun lit à son tour un des mots du paragraphe. Le 1er dit : LE; le 2me, PÉ-LI-CAN; le 3me, MO-DÈ-LE; les suivants, DE, L'A-MOUR, MA-TER-NEL....

2me Procédé. — Indique le paragraphe, sans énoncer. — Après les réponses des élèves, il passe à un autre paragraphe.

— Le 1er dit : LE; le 2me, PÉ-LI-CAN, la suite comme ci-dessus.... Le dernier lit le paragraphe de suite...

N. B. — Le Moniteur suit la marche prescrite au bas des Tableaux de la première classe.

Le maître fera remarquer aux *moniteurs* que les syllabes de ce Tableau sont comprises dans ceux qui précèdent. Il les exercera à former d'autres mots de la même manière; lui-même ajoutera aisément d'autres mots semblables, pour augmenter le nombre des exemples et des applications.

(1) *ll, il,* pour *ill.* (*Voy.* VIme classe.) — (2) *ï* se prononce *i; ans, an; et en, in.* (*Voy.* Vme classe.) — (3) Prononcez *bé, mès, rès. Voy.* n° 26, note (2).

(*) Il n'est pas nécessaire d'avertir que ce tableau abrégé est nécessairement très-incomplet; il a été assujetti d'ailleurs à la condition rigoureuse qu'aucun des mots ne fût puisé ailleurs que dans les Tableaux qui précèdent; il est seulement destiné à faire naître le goût de l'histoire naturelle, et à stimuler la curiosité qui caractérise le premier âge.

ARTICULATIONS TRIPLES ET VOIX SIMPLES.

Voyelles monogrammes et digrammes.

a	è	é	e	i	o	u	eu	ou	an	in	on
spla	splè	splé	sple	spli	splo	splu	spleu	splou	splan	splin	splon
spra	sprè	spré	spre	spri	spro	spru	spreu	sprou	spran	sprin	spron
sfra	sfrè	sfré	sfre	sfri	sfro	sfru	sfreu	sfrou	sfran	sfrin	sfron
stra	strè	stré	stre	stri	stro	stru	streu	strou	stran	strin	stron
scla	sclè	sclé	scle	scli	sclo	sclu	scleu	sclou	sclan	sclin	sclon
scra	scrè	scré	scre	scri	scro	scru	screu	scrou	scran	scrin	scron

Un élément triple, plus *un élément simple.*

VOIX ENTRE UNE ARTICULATION DOUBLE ET UNE SIMPLE. — SYLLABES COMPOSÉES.

Voyelles monogram.

	a	è	i	o	u		a	è	i	o	u
bl	blar	blèr	blir	blor	blur	**ps**	psar	psèr	psir	psor	psur
	blas	blès	blis	blos	blus	**vr**	vral	vrèl	vril	vrol	vrul
	blac	blèc	blic	bloc	bluc		vrat	vrèt	vrit	vrot	vrut
br	braf	brèf	brif	brof	bruf	**fl**	flar	flèr	flir	flor	flur
	bral	brèl	bril	brol	brul		flas	flès	flis	flos	flus
	brar	brèr	brir	bror	brur		flat	flèt	flit	flot	flut
	bras	brès	bris	bros	brus		flac	flèc	flic	floc	fluc
	brat	brèt	brit	brot	brut	**fr**	frap	frèp	frip	frop	frup
	brac	brèc	bric	broc	bruc		fral	frèl	fril	frol	frul
pl	plar	plèr	plir	plor	plur		fras	frès	fris	fros	frus
	plas	plès	plis	plos	plus		frat	frèt	frit	frot	frut
	plat	plèt	plit	plot	plut		frag	frèg	frig	frog	frug
	plac	plèc	plic	ploc	pluc		frac	frèc	fric	froc	fruc
pr	pras	près	pris	pros	prus	**dr**	dral	drèl	dril	drol	drul
	prat	prèt	prit	prot	prut		drar	drèr	drir	dror	drur
	prag	prèg	prig	prog	prug		dras	drès	dris	dros	drus
	prac	prèc	pric	proc	pruc		drac	drèc	dric	droc	druc
ps	psal	psèl	psil	psol	psul						

Un élément double, plus *deux éléments simples.*

1re partie du Tableau.

MONITEUR.

1er PROCÉDÉ. — Indique sur le Tableau la syllabe SPLA..., puis pose la baguette successivement sur SPLA, et sur le signe correspondant de la première ligne horizontale, A; puis il dit : SPL*e*-A, SPLA....

2me PROCÉDÉ. — Indique, sans énoncer, la syllabe SPLA, puis le signe A....

3me PROCÉDÉ. — Énonce, sans indiquer, la syllabe SPLA....

ÉLÈVE.

— répète : SPL*e*-A, SPLA....

— répond : SPL*e*-A, SPLA...
— montre la syllabe, et dit : SPLA....

2me partie du Tableau. — On procède comme il suit : exemple, BLAR ; le moniteur indique BLAR, puis BL et A (première colonne et première ligne horizontale), ensuite il dit : BL*e*-AR, BLAR ; l'élève répète : BL*e*-AR, BLAR, etc.

Les articulations finales sonnent ici comme si elles étaient suivies d'un *e* muet : cette observation s'applique aux Tableaux n°s 22, 23, 24.

N. B. — Le Moniteur suit la marche prescrite au bas des Tableaux de la première classe.

Voyelles monogram.	a	è	i	o	u		a	è	i	o	u
sp	spal	spèl	spil	spol	spul	**gr**	grab	grèb	grib	grob	grub
	spar	spèr	spir	spor	spur		gral	grèl	gril	grol	grul
	spas	spès	spis	spos	spus		grar	grèr	grir	gror	grur
	spat	spèt	spit	spot	sput		gras	grès	gris	gros	grus
sm	smal	smèl	smil	smol	smul		grat	grèt	grit	grot	grut
	smar	smèr	smir	smor	smur		grac	grèc	gric	groc	gruc
	smat	smèt	smit	smot	smut	**X**(cs)	xam	xèm	xim	xom	xum
st	staf	stèf	stif	stof	stuf		xal	xèl	xil	xol	xul
	stal	stèl	stil	stol	stul		xar	xèr	xir	xor	xur
	star	stèr	stir	stor	stur	**cl**	clab	clèb	clib	clob	club
	stac	stèc	stic	stoc	stuc		claf	clèf	clif	clof	cluf
sc	scal	squèl	squil	scol	scul		clar	clèr	clir	clor	clur
	scar	squèr	squir	scor	scur		clas	clès	clis	clos	clus
							clat	clèt	clit	clot	clut
tr	trap	trèp	trip	trop	trup		clac	clèc	clic	cloc	cluc
	traf	trèf	trif	trof	truf	**cr**	crab	crèb	crib	crob	crub
	tral	trèl	tril	trol	trul		crap	crèp	crip	crop	crup
	trar	trèr	trir	tror	trur		craf	crèf	crif	crof	cruf
	tras	très	tris	tros	trus		cral	crèl	cril	crol	crul
	trac	trèc	tric	troc	truc		cras	crès	cris	cros	crus
gl	glar	glèr	glir	glor	glur		crad	crèd	crid	crod	crud
	glas	glès	glis	glos	glus		crat	crèt	crit	crot	crut
	glat	glèt	glit	glot	glut		crac	crèc	cric	croc	cruc

Voyelles digrammes.

bleur	blour	blous	blouc	bloir	blanc	breur	brous	brouc	pleur
plour	plous	ploir	prous	prouc	pseur	pteur	vreur	vroir	fleur
flour	floir	flanc	freur	franc	spoir	steur	stoub	stouf	stour
squeur	scour	dreur	treur	trans	tronc	gleur	glous	glouc	gloir
greur	cleur	cloub	cloir	creur	croup	crous	croir	xeur	xour

Voyelles monogr. et digrammes.

VOIX ENTRE UNE ARTICULATION SIMPLE ET UNE DOUBLE. — SYLLABES COMPOSÉES.

laps	rapt	seps[1]	belt	bolt	talc	salm	sals	salt	calm
colm	soult	vers	barc	parc	porc	yorc	mars	marc	turc
nerf	lors	serf	hart	torg	berg	bourg	leurs.	bast	besc
bisc	bosc	busc	pasc	fisc	musc	lest	basc	gasc	zest.
fox	dax	gex	max	six	tex	linx	pact	tact	pect.
baill[2]	paill	maill	vaill	faill	laill	raill	saill	daill	taill
naill	caill	beill	meill	veill	leill	reill	seill	teill	neill
gueill	cueill	meuill	veuill	feuill	reuill	seuill	teuill	bouill	pouill
mouill	fouill	rouill	zouill	souill	douill	touill	nouill	gouill	houill

Deux éléments simples, plus *un élément double.*

VOIX DOUBLE ENTRE DEUX ARTICULATIONS SIMPLES. — *Idem.*

biar	bias	bief	biel	biot	piaf	piar	miel	miet	miot
vial	viet	viol	viot	fuir	lias	lief	lier	riel	juif
siam	sias	siel	sier	sior	suif	dial	dier	duir	tiar
tier	tuil	nial	niel	niol	nior	nuir	cuir	cuil	huit
fouir	rouir	jouir	chiour	lieur	rieur	sieur	nieur	pieul	pieur

Deux éléments simples, plus *un élément double.*

QUATRE ÉLÉMENTS.

Supplément.

VOIX ENTRE UNE ARTICULATION TRIPLE ET UNE SIMPLE. — *Idem.*

a	è	i	o	u	a	è	i	o	u
splar	splèr	splir	splor	splur	stral	strèl	stril	strol	strul
splas	splès	splis	splos	splus	stras	strès	stris	stros	strus
spral	sprèl	spril	sprol	sprul	sclar	sclèr	sclir	sclor	sclur
spras	sprès	spris	spros	sprus	strac	strèc	stric	stroc	struc
sprac	sprèc	spric	sproc	spruc	scrab	scrèb	scrib	scrob	scrub
sfral	sfrèl	sfril	sfrol	sfrul	scral	scrèl	scril	scrol	scrul

Un élément triple, plus *deux éléments simples.*

VOIX ENTRE DEUX ARTICULATIONS DOUBLES. — *Idem.*

brest	smalt	stix	stinct	clark	clerc	creps	crist
xact	braill[2]	traill	craill	breill	treill	creill	breuill
vreuill	dreuill	treuill	brouill	drouill	trouill	grouill.	strict[3]

Deux éléments doubles, plus *un élément simple.*

CINQ ÉLÉMENTS.

SIX ÉLÉMENTS.

MONITEUR.

1er PROCÉDÉ. — Indique, sur le Tableau, exemple, la syllabe LAPS...; ensuite il pose la baguette sur le premier signe L...; puis il dit : Le-APS (a), LAPS....

2me PROCÉDÉ. — Indique, sans énoncer, la syllabe LAPS, puis le signe L....

3me PROCÉDÉ. — Énonce, sans indiquer, la syllabe LAPS....

ÉLÈVE.

— répète : Le-APS, LAPS....

— répond : Le-APS, LAPS....

— montre la syllabe et dit : LAPS....

On opère de même pour BIAR... Be-IAR (b) (2me partie du Tableau); pour SPLAR... SPLe-AR (3me partie); pour BREST.... BRe-EST (4me partie).

N. B. — Le Moniteur suit la marche prescrite au bas des Tableaux de la première classe.

(1) La voix *e* sonne comme *è* dans tout ce Tableau. — (2) *ill*, signe du son mouillé, compte, comme dans les précédents Tableaux, pour deux éléments; cette syllabe et les suivantes sont censées suivies d'un *e* muet; *voyez les équivalents*, cinquième classe. — (3) Syllabe de six éléments.

(a) D'une seule émission de voix, et non AP-Se. — (b) D'une seule émission de voix, et non IA-Re.

ENSEIGNEMENT MUTUEL.

MÉTHODE DE M. JOMARD.

SYLLABAIRE.

[N° 31.]

EXEMPLES ET APPLICATIONS.

plus	pa·stel	re·lief	jon·gleur	trou·bleur	a·moin·drir	scru·ta·teur
fier	bo·rax	pla·stron	di·strict	dou·bleur	dia·mé·tral	psal·mo·di·e
splen	flé·trir	scal·pel	ba·illeur	ron·fleur	trans·fé·ré	cor·rup·teur
stri·é	Lu·xor	scul·pté	ra·illeur	meur·trir	trans·por·té	Stras·bourg
a·jax	di·rect	sur·plus	a·no·blir	chiour·me	trans·fi·gu·ré	ad·mi·ni·stra·tif
a·spect	clar·té	sa·breur	es·cla·ve	cou·vreur	trans·for·mé	a·stro·no·me
ab·ject	con·tact	cou·vrir	é·ta·blir	res·tri·ctif	tran·scri·re	a·stro·no·mi·e
es·quif	pi·brac	ou·vreur	chou·fleur	in·di·rect	spec·ta·teur	a·stro·no·mi·que
ex·act	scri·be	cri·bleur	tric·trac	in·cor·rect	stra·pon·tin	con·struc·teur
es·toc	scru·tin	hâ·bleur	spa·sme	pla·sti·que	struc·tu·re	pa·tri·mo·nial
es·poir	jo·vial	ou·vroir	stro·bi·le	stra·ti·fi·é	splé·ni·que	prag·ma·ti·que
Es·dras	tri·vial	res·pect	ta·illeur	scor·pion	de·scrip·tif	pri·sma·ti·que
o·nix	stri·cte	sus·pect	bou·illir	scro·fu·le	tres·sa·illir	scle·ro·ti·que
ou·vrir	pu·blic	cor·rect	plu·riel	scru·pu·le	é·ma·illeur	scor·bu·ti·que
in·star	ra·cleur	di·stinct	as·sa·illir	scul·pteur	ri·ma·illeur	scor·so·nè·re
in·fect	fru·stré	in·stinct	fruc·ti·fi·é	spar·te·ri·e	tra·va·illeur	bar·bou·illeur

Petite esquisse du règne végétal (*).

On di·stin·gue la na·tu·re a·ni·mé·e, vi·van·te ou or·ga·ni·que (un a·ni·mal, u·ne plan·te), de la na·tu·re in·a·ni·mé·e, mor·te, ou in·or·ga·ni·que (un mi·né·ral, un li·qui·de, un gaz).—La pre·miè·re, seu·le, a la fa·cul·té de se re·pro·dui·re.—L'a·ni·mal se trans·por·te de lieu en lieu, tan·dis que la plan·te, as·su·jé·ti·e à la mê·me loi que le mi·né·ral, de·meu·re fi·xé·e au sol na·tal. —L'a·ni·mal a é·té pour·vu d'un tri·ple or·ga·ne : le ca·nal in·tes·ti·nal, ou ca·vi·té mé·di·a·le, où s'é·la·bo·re la ma·tiè·re qui sub·stan·te; le mus·cle, or·ga·ne pour se mou·voir; le nerf, or·ga·ne par le·quel on é·prou·ve le bien-ê·tre ou la dou·leur : la plan·te n'a rien d'é·gal.—La feu·ille de l'ar·bre trans·pi·re ou ab·sor·be, à l'in·star de l'é·pi·der·me de l'a·ni·mal.—Le suc qui sub·stan·te l'ar·bre se trans·por·te de cha·que ra·di·cu·le au tronc, du tronc à la bran·che, de la bran·che à la feu·ille : de là, la *sè·ve*, li·qui·de d'u·ne na·tu·re par·ti·cu·liè·re qui, le jour, mon·te de la par·ti·e in·fé·ri·eu·re jus·qu'à la feu·ille, la nuit, re·tour·ne de la feu·ille au tronc. — La fleur a un dou·ble or·ga·ne qui sert à re·pro·dui·re la plan·te : le *pis·til* ab·sor·be le pol·len, ou pou·dre fé·con·dan·te de l'*é·ta·mi·ne*, pour for·mer un nou·vel ê·tre. L'ar·bre se mul·ti·pli·e de mê·me par u·ne bou·tu·re, bran·che que l'on sé·pa·re du tronc.—La feu·ille flo·ra·le, ou fo·li·ol·e co·lo·ré·e, qui con·sti·tu·e la fleur, a é·té di·te pé·ta·le; la fleur, mo·no·pé·ta·le ou po·ly·pé·ta·le, se·lon qu'il y a un, ou plus d'un pé·ta·le. —Pour l'é·tu·de bo·ta·ni·que, on sui·vra l'or·dre na·tu·rel, ou par fa·mil·le.

Partie supérieure. — Procédez comme aux nos 28-30.

N. B. — Le Moniteur suit la marche prescrite au bas des Tableaux de la première classe.

Le maître fera remarquer aux *moniteurs* que les syllabes de ce Tableau sont comprises dans ceux qui précèdent. Il les exercera à former d'autres mots de la même manière; lui-même ajoutera aisément d'autres mots semblables, pour augmenter le nombre des exemples et des applications.

Phrases. —1er Procédé. — Moniteur. — Lit chaque phrase par paragraphe, en appuyant sur toutes les syllabes; exemple : ON DI-STIN-GUE LA NA-TU-RE A-NI-MÉE....

2me Procédé. — Indique le paragraphe, sans énoncer. — Après les réponses des élèves, il passe à un autre paragraphe.

Élève. — Tous les élèves suivent sur le Tableau; ensuite chacun lit à son tour une partie du paragraphe. Le 1er dit : ON; le 2me, DI; le 3me, STIN; le 4me, GUE; le 5me, LA; le 6me, NA; le 7me, TU; le 8me, RE....
— Le 1er répond : ON; le 2me, DI; le 3me, STIN; le 4me, GUE; le 5me, DI-STIN-GUE; le 6me, LA; la suite comme ci-dessus.... Le dernier lit le paragraphe de suite....

(*) Il n'est pas nécessaire d'avertir que ce tableau abrégé, composé sans prétention scientifique est nécessairement très-incomplet; il a été assujéti d'ailleurs à la condition rigoureuse qu'aucun des mots ne fût puisé ailleurs que dans les Tableaux qui précèdent; il est seulement destiné à faire naître le goût de l'Histoire naturelle, et à stimuler la curiosité qui caractérise le premier âge. *Voy.* nos 26, 27, 32, 41, 42.

EXEMPLES ET APPLICATIONS. — *Petite esquisse du règne végétal.* (*Suite.*) (*)

Cha·que plan·te d'u·ne mê·me fa·mi·lle[1] a un ca·ra·ctè·re, u·ne pro·pri·é·té, ou un a·spect a·na·lo·gue. La fa·mi·lle *gra·mi·né·e* sub·stan·te; la *la·bi·é·e* a l'o·deur a·ro·ma·ti·que; la *re·non·cu·la·cé·e*[2] a la sa·veur à·cre, mor·dan·te; la *mal·va·cé·e*[1] a u·ne ver·tu cu·ra·ti·ve. On dis·tin·gue, I° Plan·te *com·es·ti·ble :* le blé : on pré·pa·re le me[3]·illeur com·es·ti·ble de tous, a·vec sa fa·ri·ne con·ver·ti·e en pâ·te; le blé de Tur·qui·e (ma·ïs), le blé noir, le mil, la plan·te d'où l'on ti·re le su·cre; *Fruit*[4], tel que : poi·re, nè·fle, pru·ne, pê·che, ba·na·ne, a·man·de, fi·gue, me·lon, pas·tè·que;-Plan·te à *hui·le :* le col·za, le chan·vre, le lin, l'ar·bu·ste de l'o·li·ve qui pro·cu·re u·ne hui·le si es·ti·mé·e;-La vi·gne, si u·ti·le pour la li·queur qu'on pré·pa·re a·vec son fruit; le ca·fé na·tif d'A·ra·bi·e; le hou·blon, pro·pre à la biè·re; l'ar·bre au co·co, le chou pal·mis·te, d'où se ti·re le vin de pal·me;-*Lé·gu·me :* la fè·ve, le chou, le chou·fleur, la ra·ve, la câ·pre, la mâ·che, l'o·gnon, le car·don, la chi·co·ré·e, la to·ma·te, le po·ti·ron, la pa·ta·te;-Plan·te *pour l'a·ni·mal do·mes·ti·que :* la lu·zer·ne, le foin, ga·zon ou gra·men, le trè·fle, l'a·voi·ne pâ·tu·re du che·val. = II° Plan·te *mé·di·ca·le :* le sé·né, plan·te pur·ga·ti·ve; le quin·qui·na, qui cou·pe la fiè·vre; le li·chen, re·mè·de pec·to·ral; la sal·se·pa·re[3]·ille, su·do·ri·fi·que; l'ar·bre de la ju·ju·be; l'hel·lé·bo·re, re·mè·de con·tre la fo·li·e; la plan·te mal·va·cé·e[4], qui cal·me la dou·leur... le ta·bac.=III° Plan·te *pour l'in·dus·trie* ou *l'é·co·no·mi·e :* le sa·fran, le tour·ne·sol, le pas·tel, qui pro·cu·re un bon bleu; l'in·di·go, l'ar·bu·ste du co·ton; le lin à fleur bleu·e, à fi·bre pro·pre à our·dir la toi·le, de mê·me que le chan·vre, l'a·ga·ve d'A·mé·ri·que; le char·don à fou·lon, a·vec quoi l'on é·ti·re le poil du feu·tre;-Plan·te *fo·res·tiè·re :* chê·ne qui pro·cu·re le tan, or·me, frê·ne, char·me, pla·ta·ne, é·ra·ble, sy·co·mo·re, a·ca·jou, hê·tre, le pin d'où se ti·re le gou·dron, le sa·pin pro·pre à la mâ·tu·re, le mé·lè·ze, le ba·o·bab, ar·bre co·los·sal de l'A·fri·que; la plan·te du ca·out·chouc, ma·tiè·re é·las·ti·que. = IV° Plan·te *qui or·ne un jar·din :* l'an·co·li·e, la pi·voi·ne à gran·de fleur, la tré·miè·re, le ca·mé·lia du Ja·pon, le mag·no·li·a, l'ar·bre de Ju·dé·e à fleur prin·ta·niè·re, le myr·te, le se·rin·ga à fleur par·fu·mé·e, le cac·tus à fleur é·cla·tan·te, à feu·ille char·nu·e; le chè·vre·feu·ille, le jas·min, le ca·tal·pa; l'a·ris·to·lo·che, la bi·gno·ne, le co·bé·a vo·lu·bi·le, le ro·ma·rin a·ro·ma·ti·que, la pri·me·vè·re qui vient à la fin de l'hi[5]·ver, la clé·ma·ti·te o·do·ran·te, le lis, la tu·li·pe.=V° Plan·te *qui por·te un ve·nin :* bel·la·do·ne, da·tu·ra, u·pas.=VI° Plan·te di·te cryp·to·ga·me, pri·vé·e d'or·ga·ne fruc·ti·fi·ca·teur : li·chen, ly·co·po·de in·flam·ma·ble, a·ga·ric; con·ju·gué·e, sor·te d'al·gue qui tou·che au rè·gne a·ni·mal.

MONITEUR.

1er PROCÉDÉ. — Lit chaque phrase, par paragraphe, en appuyant sur toutes les syllabes; exemple : CHA-QUE PLAN-TE D'U-NE MÊ-ME FA-MI-LLE A UN CA-RA-CTÈ-RE....

2me PROCÉDÉ. — Indique le paragraphe, sans énoncer. — Après les réponses des élèves, il passe à un autre paragraphe.

ÉLÈVE.

— Tous les élèves suivent sur le Tableau; ensuite chacun lit à son tour un des mots du paragraphe. Le 1er dit : CHA; le 2me, QUE; le 3me, PLAN; le 4me, TE; le 5me, D'U; le 6me, NE; le 7me, MÊ; le 8me, ME....

— Le 1er répond : CHA; le 2me, QUE; le 3me, CHA-QUE; le 4me, PLAN; la suite comme ci-dessus.... Le dernier lit le paragraphe de suite....

[1] *ll* pour *ill. Voy.* n° 31, et la VIme classe.   (2) Prononcez *sé-e.*   (3) Prononcez *mé, té, ré.... Voy.* n° 31.   (4) Prononcez *frui,* sans faire sonner le *t.*   (5) Prononcez *li.*

(*) Il n'est pas nécessaire d'avertir que ce tableau abrégé est nécessairement très-incomplet; il a été assujetti d'ailleurs à la condition rigoureuse qu'aucun des mots ne fût puisé ailleurs que dans les Tableaux qui précèdent; il est seulement destiné à faire naître le goût de l'histoire naturelle, et à stimuler la curiosité qui caractérise le premier âge. *Voy.* la suite, n°s 41, 42, et aussi n°s 26, 27, 31.

LECTURE PRÉPARATOIRE. [N° 33.]

ENSEIGNEMENT MUTUEL — MÉTHODE DE M. JOMARD.

ÉLÉMENTS SYLLABIQUES COMPLEXES. — (*Voix.*) [1]

ÉQUIVALENTS DE Â.

Sonne	dans les mots
e=Â,	fe·mme
as	vas
	bras
at	bat
	rat
	plat
	chat
	a·chat
	ra·chat
	ca·rat
	con·trat
	cra·chat
	é·clat
	dé·bat
	for·mat
	gou·jat
	gre·nat
	in·grat
	lé·gat
	man·dat
	mu·scat
	pri·mat
	ra·bat
	sé·nat
	sol·dat
ats	rats
	chats
ac	ta·bac
acs	ta·bacs
ach	al·ma·nach
achs	al·ma·nachs
ai	dou·ai·riè·re

ÉQUIVALENTS DE Â.

Sonne	dans le mot
a=Â,	ma·nne

ÉQUIVALENTS DE Â.

Sonne	dans les mots
as=Â,	bas
	pas
	gas
	las
	tas
	cas
	gras
	ca·de·nas
ât	bât
	mât
	dé·gât
at	cho·co·lat
âts	bâts
	mâts
	dé·gâts
acs	lacs
ea	Jea·nne

ÉQUIVALENTS DE É.

Sonne	dans les mots
a=É,	pa·yé
e	bec
	sec
	a·vec
	re·lief
	bol·bec
é	vê·tu
ë	No·ë
ei	pei·gne
	en·sci·gne
	tei·gne
	bei·gnet
	cor·bei·lle
	bou·tei·lle
ée	fée
	née

ÉQUIVALENTS DE É.

Sonne	dans les mots
ée=É,	pou·pée
ées	fées
és	dés
	prés
	pâ·tés
	ca·fés
	pa·vés
ai	j'ai
	ai·mé
	quai
	j'ai·mai
	j'ai·dai
	lai·ne
	lai·tue
	il sai·gne
	châ·tai·gne
aî	aî·né
ay	ay·mon
aie	gaie·ment
aies	gaies
æ	Æ·so·pe
ef	clef
efs	clefs
ed	pied
	bled
eds	pieds
	bleds
er	ai·mer
	cou·cher
	ar·cher
	bu·cher
	bou·cher
	clo·cher
	no·cher
	pê·cher

ÉQUIVALENTS DE É.

Sonne	dans les mots
er=É,	plan·cher
	por·cher
	ro·cher
	va·cher
	â·nier
	ban·quier
	chan·tier
	char·tier
	cor·dier
	cor·mier
	cour·sier
	cour·tier
	cu·vier
	da·mier
	de·nier
	fer·mier
	fi·guier
	frui·tier
	gan·tier
	gre·nier
	hui·lier
	le·vier
	li·mier
	mé·tier
	meû·nier
	mou·tier
	pa·lier
	pal·mier
	pa·pier
	plu·vier
	poi·rier
	pour·pier
	pru·nier
	ra·mier
	rou·lier

ÉQUIVALENTS DE É.

Sonne	dans les mots
er=É,	rou·tier
	se·tier
	sou·lier
	tri·pier
ers	clo·chers
	ro·chers
	bou·chers
	pa·piers
	ban·quiers
	char·tiers
ez	nez
	a·ssez
oi	foi·blir
œ	fœ·tus
hé	hé·ri·té
hei	hei·du·que

ÉQUIVALENTS DE Ê.

Sonne	dans les mots
aî=Ê,	maî·tre
	dé·chaî·né
aie	baie
	braie
	plaie
	vraie
	claie
	craie
	raie
	au·naie
	chê·naie
	cou·draie
	frê·naie
	fu·taie
	or·fraie
aies	baies
	plaies

MONITEUR.

1er Procédé. — Indique un signe équivalent, 1re colonne; exemple : *as*; ensuite il pose la baguette successivement sur le mot BR*AS*, et sur la lettre majuscule Â, qui est en tête de la 2me colonne; puis montrant la partie soulignée du mot *as*, (la même que le signe équivalent), il dit : BR*Â*; puis *a*, *esse* (2) sonnent Â dans le mot BR*AS*....

2me Procédé. — Indique, sans énoncer, l'équivalent *at*, puis le mot CH*AT*, et la lettre majuscule Â.....

3me Procédé. — Énonce, sans indiquer, comme ci-dessus, le mot CH*AT*....

ÉLÈVE.

— répète : BR*Â*; puis *a*, *esse*, sonnent Â dans le mot BR*AS*....

— répond : CH*A*; puis *a*, *té* (2), sonnent Â dans le mot CH*AT*....

— montre le mot CH*AT*, et dit : *a*, *té*, équivalent de Â....

N. B. — La classification n'est plus ici d'après le *nombre*, mais selon la complication des éléments syllabiques.

(1) Voir le Tableau n° 43, VIme classe, pour les *articulations*, et la VIIme classe, pour les *règles*.

(2) On énonce ici les caractères alphabétiques par leurs noms vulgaires.

ÉLÉMENTS SYLLABIQUES COMPLEXES. (VOIX, *suite.*)

ÉQUIVALENTS DE È.

Sonne	dans les mots	Sonne	dans les mots	Sonne	dans les mots	Sonne	dans les mots	Sonne	dans les mots
e = È,	ver	et = È,	ba·quet	et = È,	mu·let	ez = È,	lez (lez-Paris)	ais = È,	ma·rais
	nef		bar·bet		na·vet	egs	legs	(ais)	pa·lais
	bref		bi·det		on·glet	ecs	é·checs		pa·nais
	l'est		blu·et		our·let	ect	res·pect		ra·bais
	lest		bos·quet		pa·let	ects	res·pects.		vou·lais
	tel		bou·quet		pa·quet	ai	bai	aid	laid
	ju·lep		bre·vet		pi·quet	(ai)	mai	aids	laids
	sa·lep		bri·quet		plu·met		brai		plaids
	gri·ef		bro·chet		pou·let		vrai	ait	qu'il ait
	Al·fred		bru·net		pré·fet		pair	(ait)	lait
	cru·el		ca·det		pro·jet		mai·re		fait
	mar·tel		ca·chet		re·jet		ba·lai		il fait
	Mi·chel		che·net		re·gret		dé·blai		—tait
	a·mer		co·quet		se·cret		é·tai		—nait
	é·chec		cor·net		tra·jet		fai·re		—brait
ë	No·ël		cor·set	êt	têt		dé·fai·re		bien·fait
ei	rei·ne		cou·plet		prêt		ai·ma·ble		ex·trait
(ei)	Sei·ne		ca·bi·net		fo·rêt		j'ai·me		for·fait
	vei·ne		cro·chet		pro·têt	ay	ray		par·fait
es	les		cro·quet	ets	mets	æ	Æt·na		por·trait
	mes		dé·chet		rets	ais	ais	aits	faits
	des		dé·cret		jets	(ais)	bais	(aits)	traits
	tes		du·vet		va·lets		biais		bien·faits
	ses		fi·let		vo·lets		mais	aït	il plaît
ès	près		fleu·ret		pou·lets		dais	aix	paix
	grès		fo·ret	êts	têts		je vais	oi	foi·ble
	pro·grès		fu·met		prêts		—fais	oie	mo·nnoie
	con·grès		fu·ret		pro·têts		—tais	ois	vou·lois
	a·près		ga·let		fo·rêts		—sais	oit	pou·voit
	ex·près		go·det	est	il est		—plais	oït	pa·roït
et	jet		gui·chet	ept	sept mille		jais	oient	chan·toient
	il met		ha·quet	ey	dey		vrais	aient	qu'ils aient
	guet		li·vret		bey		é·pais	he	her·be
	ar·chet		mo·tet	eys	deys		ja·mais	hait	sou·hait
	ban·quet		mu·guet		beys		la·quais	haits	sou·haits

MONITEUR.

1er Procédé. — Indique un signe équivalent, 1re colonne; exemple : et; ensuite il pose la baguette successivement sur le mot AR-CHET, et sur la lettre majuscule È, qui est en tête de la colonne; puis montrant la partie soulignée du mot et, (la même que le signe équivalent), il dit : AR-CHÉ; puis é, té, sonnent È dans le mot AR-CHET....

2me Procédé. — Indique, sans énoncer, l'équivalent et, puis le mot AR-CHET, et la lettre majuscule È....

3me Procédé. — Énonce, sans indiquer, comme ci-dessus, le mot AR-CHET....

ÉLÈVE.

— répète : AR-CHÉ; puis, é, té sonnent È dans le mot AR-CHET....

— répond : AR-CHÉ; puis, é, té sonnent È dans le mot AR-CHET....

— montre le mot AR-CHET, et dit : é, té, équivalents de È....

N. B. — La classification n'est plus ici d'après le *nombre*, mais selon la complication des éléments syllabiques.

ÉLÉMENTS SYLLABIQUES COMPLEXES. (voix, *suite.*)

ÉQUIVALENTS DE E. (*e muet.*)

Sonne	dans les mots
eu=E,	neuf
(eu)	neufs
	meu·re
	de·meu·re
euf	neuf mi·lle
œu	œuf
	bœuf
es	li·mes
	ra·mes
	fé·es
	bou·ché·es
	ar·mé·es
	jour·né·es
	pou·pé·es
ent	ils ai·ment
	—cré·ent

ÉQUIVALENTS DE I.

Sonne	dans les mots
if=I,	ap·pren·tif
ifs	ap·pren·tifs
il	gril
	sour·cil
ils	grils
is	bis
	pis
	gris
	cris
	je mis
	—lis
	—ris
	—vis
	—suis
	Louis
	a·nis
	a·vis

ÉQUIVALENTS DE I.

Sonne	dans les mots
is=I,	dé·bris
	sur·pris
	mé·pris
	de·vis
	ha·chis
	pont-le-vis
	Pa·ris
	rou·lis
	ru·bis
	sou·ris
	sur·vis
id	nid
ids	nids
it	il lit
	—vit
	—fit
	—mit
	—dit
	—rit
	—prit
	—frit
	cré·dit
	dé·bit
	dé·lit
	dé·pit
	ré·pit
	é·dit
	ha·bit
	pe·tit
	pro·fit
	pro·scrit
	bé·nit
its	dits
	lits
iz	riz

ÉQUIVALENTS DE I.

Sonne	dans les mots
ic=I,	cric
ics	crics
ist	Jé·sus-Christ
hi	hier
hit	il trahit
ix	dix mi·lle
	six cents

ÉQUIVALENTS DE Î.

Sonne	dans les mots
ï=Î,	na·ïf
	ha·ïr
	La·ïs
	Ta·na·ïs
ie	ha·ïe
	ou·ïe
ie	pie
	vie
	mie
	brie
	strie
	il nie
	—scie
	—prie
	—plie
	—crie
	il se fie
	prie·ra
	crie·ra
	nie·ra
	lie·ra
	fie·ra
	scie·ra
	Ma·rie
	jo·lie
ies	pies

ÉQUIVALENTS DE Î.

Sonne	dans les mots
ies=Î,	vies
	fo·lies
ît	qu'il vît
	—fît
	—mît
	—dît
	—prît
ient	ils plient
	—prient
	—crient
hie	tra·hie
hies	tra·hies
hît	tra·hît
ui	vui·de

ÉQUIVALENTS DE O.

Sonne	dans les mots
au=O,	sauf
	au·tel
	au·stè·re
	aug·men·te
	mau·vais
oi	oi·gnon (1)
	poi·gnet
	coi·gnée
on	mon·sieur
os	os
ocs	frocs
oq	coq d'In·de
oqs	coqs d'Inde
ho	ho·ri·zon
hô	hô·tel
u	o·pium
	ster·num
	fac·tum
	lau·da·num

ÉQUIVALENTS DE U.

Sonne	dans les mots
eu=U,	eu
eus	j'eus
eut	il eut
us	jus
	je bus
	—pus
	—fus
	—dus
	a·bus
	ab·strus
	ca·mus
	dif·fus
	é·cus
	ex·clus
	in·clus
	ob·tus
	sur·plus
	re·fus
	ta·lus
ud	nud
	crud
uds	nuds
ut	but
	il put
	—fut
	—dut
	—tut
	—lut
	—sut
	—crut
uts	buts
	dé·buts
ul	cul-de-sac
uls	culs-de-sac
ux	flux

MONITEUR.

1er PROCÉDÉ. — Indique un signe équivalent, 1re colonne ; exemple : *is* ; ensuite il pose la baguette successivement sur le mot A-N*IS*, et sur la lettre majuscule I, qui est en tête de la colonne ; puis montrant la partie soulignée du mot *is*, (la même que le signe équivalent), il dit : A-N*I*, puis *i*, *èsse*, sonnent I dans le mot A-N*IS*....

2me PROCÉDÉ. — Indique, sans énoncer, l'équivalent *is*, puis le mot A-N*IS*, et la lettre majuscule I.....

3me PROCÉDÉ. — Énonce, sans indiquer, comme ci-dessus, le mot A-N*IS*....

ÉLÈVE.

— répète : A-N*I* ; puis, *i*, *èsse* sonnent I dans le mot A-N*IS*....

— répond : A-N*I* ; puis, *i*, *èsse* sonnent I dans le mot A-N*IS*....

— montre le mot A-N*IS*, et dit : *i*, *èsse*, équivalents de I....

N. B. — La classification n'est plus ici d'après le *nombre*, mais selon la complication des éléments syllabiques.

(1) Ancienne orthographe.

MÉTHODE DE M. JOMARD

ÉLÉMENTS SYLLABIQUES COMPLEXES. (VOIX, *suite.*)

ÉQUIVALENTS DE Ô.

Sonne	dans les mots	Sonne	dans les mots	Sonne	dans les mots	Sonne	dans les mots	Sonne	dans les mots
au=Ô,	pau	aut=Ô,	saut	eau=Ô,	gâ-teau	eau=Ô,	chê-neau	ot=Ô,	pot
au(1)	crau		haut		ha-meau		châ-teau		lot
	gauche		dé-faut		ju-meau		cla-veau		sot
	jau-ne		hé-raut		lin-teau		co-peau		flot
	pau-me		le-vraut		man-teau		cor-beau		trot
	pau-vre		as-saut		mar-teau		cor-deau		er-got
	au-naie		sur-saut		moi-neau		co-teau		bi-got
	bau-det		ar-ti-chaut		ni-veau		cré-neau		bru-lot
	tau-dis	auts	hauts		nou-veau		dra-peau		ca-chot
	vau-tour		dé-fauts		or-meau		cha-meau		ca-not
	au-bier	auld	Ar-nauld		per-dreau		che-vreau		chi-cot
	au-cun	ault	Ar-nault		pla-teau	eaux	eaux		dé-vot
	au-stral	aux	baux		poi-reau		beaux		é-cot
	au-teur		faux		po-teau		peaux		fa-got
	fau-con		chaux		pru-neau		veaux		fa-lot
	sau-teur		taux		ra-deau		seaux		gre-lot
	sau-veur		é-gaux		ra-teau		sceaux		ma-got
	tau-pier		lo-caux		ri-deau		a-gneaux		ja-bot
	dé-bau-ché		to-taux		ron-deau		ban-deaux		lin-got
	flé-au		bo-caux		rou-leau	os	nos		mu-lot
	glu-au		ca-naux		su-reau		vos		ra-bot
aô	Saô-ne		che-vaux		ta-bleau		dos		sa-bot
aud	vaud		co-raux		tau-reau		gros		mar-mot
	chaud		cri-staux		trai-neau		clos		tri-pot
	pa-taud		fa-naux		tré-teau		los		tur-bot
	pe-naud		mé-taux		trou-peau		dis-pos	ots	pots
	cra-paud		ru-raux		tru-meau		é-clos		flots
	gri-maud		si-gnaux		ra-meau		hé-ros	oc	broc
	ré-chaud	aulx	faulx		a-gneau		pro-pos		croc
	lour-daud	eau	eau		ban-deau		re-pos	ocs	brocs
	sou-laud		beau		be-deau	op	trop	oth	Goth
auds	chauds		peau		bou-leau		sy-rop	oths	Goths
	cra-pauds		veau		ca-deau	ops	sy-rops	hos	ca-hos
aut	vaut		seau		cha-peau	ot	mot	hot	ca-hot
	faut		far-deau		ca-veau		bot	hots	ca-hots

MONITEUR.

1er PROCÉDÉ. — Indique un signe équivalent, 1re colonne; exemple : *au*; ensuite il pose la baguette successivement sur le mot JAU-NE, et sur la lettre majuscule Ô, qui est en tête de la 2me colonne; puis montrant la partie soulignée du mot, *au* (la même que le signe équivalent), il dit : JÔ-NE; puis : *a, u* sonnent Ô dans le mot JAU-NE....

2me PROCÉDÉ. — Indique, sans énoncer, l'équivalent *au*, puis le mot JAU-NE, et la majuscule Ô....

3me PROCÉDÉ. — Énonce, sans indiquer, comme ci-dessus, le mot JAU-NE....

ÉLÈVE.

— répète : JÔ-NE; puis *a, u* sonnent Ô dans le mot JAU-NE....

— répond : JÔ-NE; puis : *a, u* sonnent Ô dans le mot JAU-NE....

— montre le mot JAU-NE, et dit : *a, u,* équivalents de Ô....

(1) On n'a donné qu'un seul exemple des lettres rapprochées en groupe, celui de *au*, parce que c'est un des signes équivalents de *ô* les plus usités.

LECTURE PRÉPARATOIRE. [N° 37.]

ÉLÉMENTS SYLLABIQUES COMPLEXES. (VOIX, *suite.*)

ÉQUIVALENTS DE Û.

Sonne	dans les mots
eû=Û,	eû·mes
eût	eût
ü	Saül
uë	ci·guë
ue	vue
	nue
	rue
	due
	bue
	lue
	drue
	grue
	crue
	cor·nue
	bar·bue
	a·ve·nue
	tor·tue
	re·vue
	bé·vue
	il tue
	—sue
	—mue
ues	nues
	vues
	rues
	grues
	cor·nues
uent	ils ruent
	—re·muent
	—sa·luent
ût	qu'il pût
	—fût
	—bût
	—dût
	—crût

ÉQUIVALENTS DE Û.

Sonne	dans les mots
hue=Û,	co·hue
hues	co·hues

ÉQUIVALENTS DE EU.

Sonne	dans les mots
œu=EU,	vœu
eû	jeûne
eue	feue
	queue
	bleue
eur	mon·sieur
œud	nœud
œuds	nœuds
eut	il pleut
	—veut
	—meut
eus	bleus
eux	eux
	deux
	yeux
	jeux
	creux
	je peux
	—veux
	a·veux
	che·veux
	a·ff(1)reux
	a·queux
	boi·teux
	bou·eux
	bour·beux
	coû·teux
	dar·treux
	fâ·cheux
	fa·meux
	fi·breux

ÉQUIVALENTS DE EU.

Sonne	dans les mots
eux=EU,	fou·gueux
	gâ·cheux
	ga·leux
	hai·neux
	har·gneux
	heu·reux
	hi·deux
	hon·teux
	hui·leux
	lai·neux
	lai·teux
	lé·preux
	li·gneux
	mor·veux
	ner·veux
	ni·treux
	nou·eux
	pâ·teux
	peu·reux
	pi·teux
	po·reux
	pou·dreux
	quin·teux
	sé·reux
	soi·gneux
	tei·gneux
	ver·beux
	vi·neux
	ven·teux
heu	heu·reux
eues	queues
	bleues
œux	vœux
œufs	œufs
	bœufs

ÉQUIVALENTS DE OU.

Sonne	dans les mots
où=OU,	où
oû	goû·ter
	soû·ler
ous	pous
	vous
	fous
	mous
	nous
	sous
	ab·sous
	dis·sous
	je bous
oue	boue
	moue
	toue
	roue
	joue
	proue
	il voue
	—loue
	—troue
	—joue·ra
	loue·ra
oues	boues
	toues
	roues
	joues
	proues
ouent	ils vouent
	—louent
	—trouent
	—jouent
	—é·chouent
	—se·couent
ols	sols

ÉQUIVALENTS DE OU.

Sonne	dans les mots
oup=OU,	coup
	loups
oups	loup
	coups
oud	il moud
	—coud
ouds	tumouds
	—couds
out	bout
	tout
	sur·tout
	par·tout
	é·gout
outs	bouts
	é·gouts
oût	moût
	goût
	coût
	dé·goût
	ra·goût
oûts	goûts
	dé·goûts
	ra·goûts
oûl	soûl
oûls	soûls
aou	saou·ler
aoul	saoul
aouls	saouls
août	août
ould	Ar·nould
oux	doux
	toux
	roux
	ja·loux
ouls	pouls

ÉLÉMENTS SYLLABIQUES COMPLEXES (voix, *suite.*)

ÉQUIVALENTS DE IN.

Sonne	dans les mots
ain = IN,	**bain**
	pain
	vain
	main
	tain
	nain
	sain
	gain
	plain
	train
	grain
	ai·rain
	châ·tain
	dé·dain
	de·main
	é·tain
	fo·rain
	hu·main
	le·vain
	loin·tain
	mon·dain
	pou·lain
	pro·chain
	re·frain
	re·gain
	vi·lain
	con·train**·te**
	sain·tc·té
aim	**faim**
	daim
ains	**bains**
	pains
	mains
	nains
	grains

ÉQUIVALENTS DE IN.

Sonne	dans les mots
aims = IN,	**daims**
aint	**saint**
	plaint
	craint
ainc	**il vainc**
aincs	tu *vaincs*
en	**bien**
	mien
	tien
	lien
	rien
	Ouen (St-)
ens	**biens**
	viens
	miens
	tiens
	liens
	riens
	chiens
em	**hem**
ein	**rein**
	sein
	plein
	frein
eins	**reins**
	seins
	pleins
eims	**Reims**
ent	**il vient**
	—tient
eint	**peint**
	feint
	teint
	é·teint
	re·streint

ÉQUIVALENTS DE IN.

Sonne	dans les mots
eints = IN,	**peints**
	teints
eing	**seing**
eings	**seings**
în	nous *vîn*·mes.
	—tîn·mes.
ïn	**Ca·ïn**
ins	**pins**
	vins
	fins
	brins
im	**im·pur**
	im·bi·bé
	*im·*por·tun
	im·pé·ri·al
	lim·pi·de
	im·pri·mé
int	**quint**
	il vint
	—tint
	—par·vint
	—con·tint
	—ob·tint
	—sur·vint
înt	**qu'il vînt.**
	—tînt
	—par·vînt
	—con·tînt
	—ob·tînt
yn	**syn·dic**
	syn·co·pe
ym	**tym·pan**
ingt	**vingt**
inct	**in·stinct**
incts	in·*stincts*

ÉQUIVALENTS DE IN.

Sonne	dans les mots
inq = IN,	*cinq* mille
hin	*Hin.*doux

ÉQUIVALENTS DE ON.

Sonne	dans les mots
aon = ON,	**taon**
ons	**bons**
	dons
	sons
	bon·*bons*
ond	**bond**
	rond
	gond
	blond
	pla·fond
	il pond
	—fond
	—tond
	con·fond
onds	**bonds**
	fonds
	ronds
	gonds
	blonds
ont	**pont**
	mont
	dont
	front
	ils ont
	— vont
	— font
	— sont
onts	**ponts**
	monts
	fronts
ong	**long**

ÉQUIVALENTS DE ON.

Sonne	dans les mots
ongs = ON,	**longs**
onc	**jonc**
oncs	**joncs**
om	**nom**
	nom·bre
	bom·be
	pom·pe
	com·bat
	co·*lom*·be
	com·pté [1]
	tom·be
	tr·ompe
	com·bi·né
	com·pas
oms	**noms**
omb	**plomb**
ombs	**plombs**
ompt	**rompt**
	prompt
ompts	*prompts*
un	**punch**
	Stral·*sund*
um	*rum*b (de vent)
hon	**Ma·hon**
hum	**H**um·bert

ÉQUIVALENTS DE UN.

Sonne	dans les mots
uns = UN,	**bruns**
unt	**dé·funt**
	em·*prunt*
unts	dé·*funts*
um	par·*fum*
ums	par·*fums*
eûn	**jeûn**
hum	*hum.*ble

MONITEUR.

1er PROCÉDÉ. — Indique un signe équivalent, 1re colonne; exemple : *ain*; ensuite il pose la baguette successivement sur le mot MAIN, et sur la lettre majuscule IN, qui est en tête de la 2e colonne; puis montrant la partie soulignée du mot, *ain* (la même que le signe équivalent), il dit : MIN; puis : *a, i, éne* sonnent IN dans le mot MAIN....

2e PROCÉDÉ. — Indique, sans énoncer, l'équivalent *ain*, puis le mot MAIN, et la lettre majuscule IN....

3e PROCÉDÉ. — Énonce, sans indiquer, comme ci-dessus, le mot MAIN....

ÉLÈVE.

— répète : MIN; puis *a, i, éne* sonnent IN dans le mot MAIN....

— répond : MIN; puis : *a, i, éne* sonnent IN dans le mot MAIN....

— montre le mot MAIN, et dit : *ain*, équivalent de IN....

(1) Prononcez con-té. Voy. le Tableau n° 45, etc.

Signes équivalents usités dans la langue française.

ÉLÉMENTS SYLLABIQUES COMPLEXES. (VOIX, *suite.*)

ÉQUIVALENTS DE **an.**

Sonne	dans les mots
am=an,	lam·pe
	flam·be
am	am·ple
	am·bre
	lam·beau
	cam·pe
	cham·bre
	jam·bon
	tam·bour
	bam·bin
	bam·bou
	a lam·bic
	am·bi·gu
ans	bans
	pans
	vans
	dans
	plans
	crans
	ru·bans
	ca·drans
	au·tans
	de·dans
	en·fans
	ro·mans
and	Gand
	gland
	grand
	bri·gand
	cha·land
	fri·and
	R.oland
ands	glands
	grands
	fri·ands

Sonne	dans les mots
ant=an,	chant
	gant
	plant
	au·tant
	en·fant
	pen·dant
	mé·chant
	a·vant
	tou·chant
	pé·dant
	né·ant
	de·vant
	gé·ant
	rê·vant
	sa·vant
ants	chants
	gants
	plants
	in·fants
	gé·ants
ang	rang
	sang
angs	rangs
anc	banc
	blanc
	flanc
	franc
ancs	bancs
	blancs
	flancs
	francs
aen	Caen
aon	paon
	faon
	Laon

Sonne	dans les mots
aons=an,	paons
	faons
amp	camp
	champ
amps	camps
	champs
en	en·fer
en[1]	en·fin
	en·cor
	en·cre
	en·tre
	en·droit
	en·duit
	en·fler
	s'en·fuir
	en·nui
	en·tour
	en·trée
	en·vers
	en·vie
	en·voi
	len·teur
	sen·teur
	ren·dre
	ten·dre
	en·jeu
	sen·sé
	den·rée
	pen·sée
	fen·dre
	sen·tir
	pen·dre
	men·tir
	il pen·se
	—en·tre

Sonne	dans les mots
en=an,	il ven·te
	en·le·vé
	en·tra·vé
	en·tê·té
	en·clu·me
	pen·du·le
em	em·ploi
	d'em·blée
	em·pan
	em·pois
	trem·ble
	em·blè·me
	em·bû·che
	tem·pé·ré
	il sem·ble
ens	tu mens
	—sens
	dé·pens
	pa·rens
ems	tems
end	il pend
	—vend
	—rend
ends	tu pends
	—vends
	—rends
ent	vent
	dent
	lent
	ju·ment
	il sent
	—ment
	—dé·ment
	—con·sent
	ar·dent

Sonne	dans les mots
ent=an,	fro·ment
	pru·dent
	tri·dent
	ta·lent
	tor·rent
	ser·pent
	ar·pent
	pa·rent
	ab·sent
	con·tent
	sou·vent
	a·vent
	on·guent
	cli·ent
	o·ri·ent
	vio·lent
	a·li·ment
	é·lé·ment
	fi·la·ment
	o·pu·lent
ents	vents
	dents
	lents
	ar·dents
	pa·rents
	ab·sents
eng	ha·reng
engs	ha·rengs
ean	Jean
hen	Hen·ri
emps	temps
empt	ex·empt[2]
empts	ex·empts[2]
han	I·spa·han
ham	Ham·bourg

ÉLÉMENTS SYLLABIQUES COMPLEXES. (VOIX, *suite.*)

ÉQUIVALENTS DE oi.

Each column below is headed *Sonne* | *dans les mots*.

Column 1
- oê=oi, boê·te
- poê·le
- oie oie
- foie
- soie
- proie
- qu'il croie
- que je voie
- il broie
- —noie
- —ploie
- oies foies
- que tu voies
- tu noies
- —ploies

Column 2
- oî=oi, goî·tre
- ois pois
- fois
- mois
- lois
- rois
- je bois
- —vois
- —dois
- —crois
- a·bois
- an·chois
- cha·mois
- gra·vois
- har·nois

Column 3
- ois=oi, mi·nois
- pa·tois
- les pa·rois
- oîs tu croîs
- ua(1) lin·gua·le
- qua·dru·ple
- é·qua·teur
- a·qua·ti·que
- oua oua·te
- oua·ille
- oid froid
- oids poids
- froids
- oits toits
- droits

Column 4
- oit=oi, toit
- droit
- il boit
- —voit
- —doit
- —croit
- a·droit
- dé·troit
- en·droit
- ex·ploit
- oix poix
- voix
- choix
- loix
- croix

Column 5
- oît=oi, il croît
- oyes Troyes
- oigt doigt
- oigts doigts
- eoi seoir
- sur·seoir
- oient ils voient
- eoie que je sur·seoie
- eoies que tu sur·seoies
- eois tu sur·seois
- eoit il sur·seoit
- eoient ils sur·seoient
- ouet jouet
- rouet
- ouets jouets

(VOIX COMPOSÉES.) (2)

ÉQUIVALENTS DE IÈ.
- hie=IÈ, hier
- iais biais

ÉQUIVALENTS DE IÔ.
- iau=IÔ, miau·le

ÉQUIVALENTS DE IEU.
- ieux=IEU, vieux
- mieux
- lieux
- dieux
- ieurs me·ssieurs

ÉQUIVALENTS DE IAN.
- iam=IAN, iam·be
- iam·bi·que

ÉQUIVALENTS DE OUI.
- ouie=OUI, ouie
- ouie de poisson
- ouis tu ouis

ÉQUIVALENTS DE OUI.
- ouis=OUI, je rouis
- —jouis
- ré·jouis
- tu en·fouis
- cam·bouis
- Louis
- ouit il ouit
- —rouit
- —jouit
- ré·jouit
- en·fouit

ÉQUIVALENTS DE OUAN.
- ouen=OUAN, Rouen

ÉQUIVALENTS DE OIN.
- oins=OIN, coins
- soins
- moins

ÉQUIVALENTS DE OIN.
- oins=OIN, foins
- je joins
- oint oint
- point (nég⁰⁰)
- un point
- joint
- oints oints
- points
- oing poing
- coing
- oings poings
- coings
- ouin mar·souin
- ouen St-Ouen

ÉQUIVALENTS DE UÈ.
- uais=UÈ, tu suais
- —puais

ÉQUIVALENTS DE UÈ.
- uais=UÈ, tu é·va·cuais
- uait il suait
- —puait

ÉQUIVALENTS DE UI.
- uie=UI, suie
- pluie
- truie
- uies pluies
- truies
- uid muid
- uids muids
- uit bruit
- fruit
- nuit
- ré·duit
- con·duit
- bis·cuit

ÉQUIVALENTS DE UI.
- uit=UI, il fuit
- —luit
- —suit
- —cuit
- —nuit
- uits nuits
- fruits
- puits
- uis buis
- je fuis
- —nuis
- —luis
- —puis
- —suis
- —cuis
- uy puy
- huis huis-clos

MONITEUR.

1er PROCÉDÉ. — Indique un signe équivalent, 1re colonne; exemple : *iau* ; ensuite il pose la baguette successivement sur le mot MIAU-LE, et sur les lettres majuscules IÔ, qui sont en tête de la colonne; puis montrant la partie soulignée du mot, *iau* (la même que le signe équivalent), il dit : MIÔ-LE; puis : *i, a, u* sonnent IÔ dans le mot MIAU-LE...

2me PROCÉDÉ. — Indique, sans énoncer, l'équivalent *iau*, puis le mot MIAU-LE, et les lettres majuscules IÔ....

3me PROCÉDÉ. — Énonce, sans indiquer, comme ci-dessus, le mot MIAU-LE....

ÉLÈVE.

— répète : MIÔ-LE; puis : *i, a, u* sonnent IÔ dans le mot MIAU-LE...

— répond : MIÔ-LE; puis : *i, a, u* sonnent IÔ dans le mot MIAU-LE...
— montre le mot et dit : *i, a, u*, équivalent de IÔ....

(1) Dans ces mots, le son *oi* est prononcé *oâ*.

(2) Les *voix doubles* ou *composées*, considérées comme monosyllabes, ont aussi des équivalents dans notre langue : les mots ci-dessous sont cités en exemple. (Voy. le n° 21.)

ÉLÉMENTS SYLLABIQUES COMPLEXES (VOIX.) — EXEMPLES ET APPLICATIONS. — *Petite esquisse du règne minéral* (*).

Le mi·né·ral *fait* par·*tie* de la na·tu·re mor·te, in·or·ga·ni·que *ou* in·a·ni·m*ée;* la plan·te n*aît,* cr*oît,* se re·pro·d*uit et* pé·r*it.* La plan·te v*it, sans* se mou·voir, au lieu qui l'a vue n*aî*·tre; le mi·né·ral plus im·mo·bi·le en·co·re, *est* pri·vé de vie; il ne cr*oît* qu'à l'ex·té·ri·eur, par d*es* par·ti·cu·l*es* sem·bla·bl*es* qui s'a·jou·t*ent aux* pre·mi*è*·r*es;* il n'a p*oint* d'or·ga·ne p*our* s'a·li·m*en*·ter, ni p*our* se re·pro·dui·re; *point* de v*ei*·nes où cir·cu·l*ent*[2] des flu·i·des; il ne p*eut* mou·r*ir,* n'é·*tant pas* né d'un pè·re, *c'est*[1]-à-di·re d'*un* ê·tre *sem*·bla·ble à lui-mê·me. — *Les* li·qui·d*es,* les flu·i·des a·é·ri·for·m*es, font* par·tie du règne mi·né·ral; *mais* il n'*est ques*·tion i·ci[1] que d*es* so·li·d*es* que le glo·be por·te à sa sur·fa·ce[1] *ou dans* son s*ein.* Les mi·né·r*aux,* con·si·dé·r*és* d'a·près leur gi·se·m*ent*[1], *sont* l'*ob·jet* de la gé·o·lo·gi*e*[1] : con·si·dé·r*és sous* l'aspect *des* pro·pri·é·t*és* par·ti·cu·li*è*·res de cha·que e·spè·ce[1], *ils font* le su·j*et* de la mi·né·ra·lo·gi*e*[1]. — *Tout* mi·né·ral *est* for·mé de par·ti·*es* si·mi·lai·r*es, sus*·cep·ti·bl*es*[1] d'ê·tre sé·pa·ré·*es sans* ê·tre al·té·ré·*es.* Cha·que e·spè·ce[1] a *un* cer·t*aïn*[1] n*om*·bre *et quel·que·fois beau*·*coup* de va·ri·é·t*és.* — *Les* mi·né·r*aux* pro·pre·m*ent dits* ne *sont* for·m*és que* d'u·ne e·spè·ce[1] *plus ou moins* pu·re : les ro·ch*es, ou les* mi·né·r*aux non* sim·ples, ren·fer·m*ent deux, trois ou plus* d'e·spè·ces[1] ag·glo·mé·ré·*es.* — *Le* ca·ra·ctè·re di·stin·ctif *des* e·spè·ces[1] *est ou* ex·té·ri·eur, *ou phy*·si·que[3], *ou* chi·mi·que. — **1**° Ca·ra·ctè·re ex·té·ri·eur : la for·me ré·gu·li*è*·re qu'af·fec·t*ent* cer·t*ains*[1] mi·né·r*aux,* a le nom de cri·stal, va·ri·a·ble *pour* cha·*que* e·spè·ce[1], *mais* dé·ri·v*ant* d'*un* ty·pe fi·xe et con·*stant,* et se·lon u·ne cer·tai·ne loi. *Ain*·si u·ne mê·me e·spè·ce[1] p*eut* ê·tre en for·me de cu·be, *ou bien en* octa·è·dre, en do·dé·ca·è·dre, *et* en d'*au*tres for·mes dé·ri·vé·*es* (le sel ma·rin, la py·ri·te...). — La stru·ctu·re, qui n'*est pas en* cri·stal, *est* di·te com·pa·cte, la·mel·lai·re, cel·lu·lai·re; *ou bien* a l'a·spect gre·nu, fi·br*eux, schi·steux*[4], é·ca·il·leux, vi·treux. — On trou·ve *des* mi·né·r*aux* de for·mes très-di·ver·*ses;* les *plus* cu·ri·*eux sont* en den·dri·te, en sta·la·cti·te, *en* nœuds *ou* ro·gnons à gé·o·des[1], en ga·l*ets* (l'a·ga·te, le ca·il·lou d'É·gy·pte)... — *Quand un* sol ar·gi·l*eux* se sè·che, il se *fend en* pri·smes. — *Les* mi·né·r*aux* pé·tri·fi·*és ont* ju·ste la mê·me for·me que l'ê·tre a·ni·mal *ou* vé·gé·tal[1] qu'*ils* rem·pla·c*ent*[1]; *c'est* ce[1] qu'*on* in·di·que *en* gé·né·ral[1] par le n*om* de fos·si·l*es.* Un mi·né·ral p*eut* ê·tre o·pa·que, *ou* trans·pa·r*ent, ou* de·mi-trans·pa·r*ent;* il p*eut* a·voir *un* é·cl*at* mé·tal·li·que, vi·tr*eux,* na·cré, *ou tel que* ce·lui[1] de la s*oie.* — Il y a *des tons* qui chan·g*ent* se·lon l'a·sp*ect,* d'*au*tres qui i·mi·t*ent* l'i·ris *ou* l'arc-en-ciel[1]. — **2**° *Les* ca·ra·ctè·res *phy*·si·ques[3] *sont* le p*oids,* la du·re·té, la fri·a·bi·li·té, la du·cti·li·té, l'é·la·sti·ci·té[1], la *pho·spho·res·cen·ce*[3], l'é·lec·tri·ci·té[1], la pro·pri·é·té ma·gné·ti·que... **3**° Le ca·ra·ctè·re chi·mi·que se dé·ter·mi·ne par la ma·ni·è·re d*ont* a·g*it*[1], sur le mi·né·ral, *soit* le feu, *soit* un a·g*ent*[1] li·qui·de, qu*and* il en sé·pa·re *ou* dis·s*out les* é·lé·mens. La na·tu·re *et* la quan·ti·té re·la·ti·ve d*es* mo·lé·cu·l*es d*ont le mi·né·ral *est* for·mé con·sti·tu·*ent* ce[1] ca·ra·ctè·re.

ÉLÉMENTS SYLLABIQUES COMPLEXES (voix.) — EXEMPLES ET APPLICATIONS. — *Petite esquisse du règne minéral* (*). (*Suite.*)

Le mot gi·se·ment[1] ex·pri·me la pla·ce[1] re·la·ti·ve des ro·ches. Les prin·ci·pa·les[1] ro·ches sont : **1°** le quarz (grès, si·lex, ja·spe, pou·din·gue, brè·che); **2°** le gra·nit, le por·phy·re[3]...; **3°** le mi·ca; **4°** le talc (ser·pen·tin, ro·che di·te ol·lai·re); **5** l'am·phi·bo·le[3] (as·bes·te, a·mian·te); **6°** le cal·cai·re (la craie); **7°** le gy·pse[1]; **8°** les ro·ches vol·ca·ni·ques (tuf, pon·ce[1], tri·po·li); **9°** l'a·lu·mi·ne ou ar·gi·le[1].... Les va·ri·é·tés in·nom·bra·bles des ro·ches et leur mé·lan·ge *font* le su·jet de l'é·tu·de du gé·o·lo·gue[1], ain·si que les di·ver·ses na·tu·res de sol qui con·sti·tuent l'é·cor·ce[1] du glo·be. Le gé·o·lo·gue[1] dé·crit *et* ex·pli·que le mo·de se·lon le·quel se *sont* for·més les du·nes de sa·ble, les al·lu·vions, les gla·ciers[1], les step·pes, ain·si que les é·po·ques suc·ces·si·ves[1], sa·voir : **1**re pé·ri·o·de : sol schi·steux[4] *et* sol in·ter·mé·di·ai·re; **2**me pé·ri·o·de : sol dit hou·il·lier, sa·li·fè·re, cré·ta·cé[1]; **3**me pé·ri·o·de : sol *des grands* a·ni·maux fos·si·les, sol al·lu·vio·nai·re, sol vol·ca·ni·que. Les mi·né·raux les plus *im·por·tants* pour *nous sont ceux*[1] qui *ont* u·ne u·ti·li·té di·rec·te pour l'in·du·strie *et* l'é·co·no·mie do·mes·ti·que. **1°** *Les com·bu·sti·bles :* le bi·tu·me *soit* li·qui·de, tel que le pé·tro·le, *soit* so·li·de, tel que l'a·sphal·te[3], plus lé·ger[1] que *l'eau;* le char·bon mi·né·ral; la tour·be; *puis* le sou·fre, l'am·bre, la plom·ba·gi·ne[1]. Dans l'or·dre *des com·bu·sti·bles est* pla·cé[1] le dia·mant, qui n'*est* qu'un char·bon très·pur à l'é·tat de cri·stal. Le *plus beau* dia·mant, si·non le *plus gros*, ou ce·lui[1] du *plus grand poids, est en* Fran·ce[1], de·*puis plus* d'un siè·cle; il por·te le *nom* de ré·gent : son *poids est* de **136** ka·rats. **2°** *Les mé·taux; ce*[1] *sont les plus* u·ti·les de *tous les* mi·né·raux[1] : le *fer*, l'or, l'ar·gent[1], le *plomb*, le mer·cu·re, le pla·ti·ne, le cui·vre, l'é·tain, le zinc; *en com·bi·nant deux des trois der·niers,* on a le bron·ze *et le lai·ton ou cui·vre jau·ne.* **3°** Le ru·bis, la to·pa·ze, l'é·me·rau·de, l'ai·gue-ma·ri·ne, l'a·mé·thy·ste[1], l'o·pa·le, l'hy·a·cin·the[1][2], le gre·nat, le sa·phir[3]. **4°** *Au·tres* mi·né·raux *moins* ra·res : le cri·stal de roch·e, l'a·ga·te fi·ne, l'a·ven·tu·ri·ne, la cal·cé·doi·ne[1], la sar·doi·ne. le ja·spe san·guin, le ja·de, la tour·ma·li·ne, le la·pis-la·zu·li (ou·tre-mer); la per·le *est* le pro·*duit* d'u·ne *huî*·tre. **5°** *Le* si·lex, la meu·liè·re, le sa·ble : le ka·o·lin ser·vant à *fai·re* la por·ce·laî·ne[1]; la *craie* de Bri·an·çon[5], la sté·a·ti·te, l'a·mian·te *in·com·bu·sti·ble,* flex·i·ble, en fi·la·ments; l'al·bâ·tre, *les* sta·la·cti·tes, le mar·bre blanc de Pa·ros... *les* mar·bres rou·ge[1], *jau·ne*, noir; les brè·ches; le cal·cai·re vul·gai·re à·vec quoi l'on bâ·tit, *et* d'où l'on ti·re la chaux; le spath[2] flu·or, d'où *vient* l'a·ci·de[1] flu·o·ri·que qui ron·ge[1] le ver·re; l'ar·gi·le[1], qui re·tient *l'eau;* l'al·bâ·tre gy·pseux[1] *et* le gy·pse[1] or·di·nai·re, d'où se ti·re le plâ·tre, dou·é de la pro·pri·é·té de dur·cir[1] par le con·tact a·vec *l'eau :* on en for·me le stuc, qui prend un si *beau* po·li; le sel ma·rin, le sel en ro·che, le na·tron (ou sel de sou·de) qui en·tre *dans* le sa·von, *et* qui, fon·du a·vec le sa·ble, pro·*duit* la ma·tiè·re *dont* se *font les* vi·tres.

1er PROCÉDÉ. — MONITEUR. — Lit chaque phrase par paragraphes, en appuyant sur toutes les syllabes; exemple : LE MOT GI-SE-MENT EX-PRI-ME LA PLA-CE RE-LA-TI-VE DES RO-CHES.

2me PROCÉDÉ. — Indique le paragraphe, sans énoncer. Après les réponses des élèves, il passe à un autre paragraphe.

(*) Voy. *le règne animal,* n°s 26, 27, *le règne végétal,* 31, 32, et la note au bas des Tableaux.

[1] C, G, devant e, i. sonnent Se, Je. (Voy. 6me, 7me cl.) — [2] Th sonne t. — [3] PH sonne f. — [4] Sch sonne ch. — [5] Ç, ou le c cédille, sonne comme se.

ÉLÈVE. — Tous les élèves suivent sur le Tableau; ensuite chacun lit à son tour un des mots du paragraphe. Le 1er dit : LE; le 2me, MOT; le 3me, GI-SE-MENT; le 4me, EX-PRI-ME; le 5me, LA PLA-CE; le 6me, RE-LA-TI-VE; le 7me, DES; le 8me, RO-CHES... — Le 1er répond : LE; le 2me, MOT; le 3me, GI-SE-MENT; le 4me, EX-PRI-ME... la suite comme ci-dessus. Le dernier lit le paragraphe de suite....

ÉLÉMENTS SYLLABIQUES COMPLEXES (ARTICULATIONS.)

ÉQUIVALENTS DE B.		ÉQUIVALENTS DE F.		ÉQUIVALENTS DE M.		ÉQUIVALENTS DE R.		ÉQUIVALENTS DE R.	
Sonne	dans les mots	Sonne	dans les mots	Sonne	dans les mots	Sonne	dans les mots	Sonne	dans les mots
bb=B,	a·bbé	ph=F,	phar·ma·cie	mm=M,	fla·mme	rr=R,	a·rrêt	rd=R,	re·gard
	ra·bbin	ph(2)	zo·o·phy·te		en·fla·mmé		pou·rrait		re·nard
	sa·bbat		pha·ri·sien		a·sso·mmé		ba·rreau		re·tard
bs	na·babs		ty·po·gra·phe		co·mman·de		ca·rreau	rds	bords
			ta·chy·gra·phe		co·mmo·de		fou·rreau		mords
ÉQUIVALENTS DE F.					co·mmen·ce		bou·rreau		dards
ff=F,	bu·ffet	fs	ifs		a·cco·mmo·de		se·rru·re		ba·vards
	co·ffret		ca·nifs	**ÉQUIVALENTS DE V.**			co·rri·gé		sourds
	sou·fflet		cap·tifs	f=V,	neuf ans		a·rra·ché		perds
	e·ffort	**ÉQUIVALENTS DE P.**		**ÉQUIVALENTS DE L.**			ca·rre·four	rt	art
	e·ffet	pp=P,	a·ppas	ll=L,	j'a·llai	rs	pars		part
	o·ffrir		li·ppée		mi·lle		fers		port
	tou·ffe		a·ppeau		ba·lle		fours		fort
	chi·ffre		a·ppel		va·llée		mers		dort
	sou·ffrir		fra·ppé		ma·lle		murs		tort
	a·ffront		ha·ppé		ha·lle		dors		mort
	gri·ffon		gri·ppé		sa·lle		tours		sort
	di·ffé·rer		a·ppui		be·lle		noirs		vert
	a·ffi·ché		a·ppé·tit		e·lle		chars		meurt
	é·tou·ffé		a·pplau·dir		co·lle	rrh	a·rrhes		rem·part
	é·chau·ffé		a·ppor·té		fo·lle	rps	corps		cou·vert
ph	sphinx		é·cha·ppé		mo·lle	rfs	cerfs	rts	arts
ph(2)	stro·phe		a·ttra·ppé		bu·lle	rd	bord		parts
	ca·ta·stro·phe		a·pprou·vé		vi·lla·ge		dard		ports
	sphè·re		a·ppau·vrir		em·ba·llé		nord		forts
	phio·le	**ÉQUIVALENTS DE M.**			in·sta·llé		tard		verts
	phil·tre	mm=M,	co·mmis	ls	bals		lard		courts
	phé·nix		so·mmeil	**ÉQUIVALENTS DE R.**			fard	rg	bourg
	phra·se		fe·mme	rh=R,	Rhin		sourd		fau·bourg
	Pha·ra·on		po·mmeau		rhu·me		ba·vard		Cher·bourg
	tri·om·phe		co·mme		rhé·teur		bran·card	rgs	bourgs
	pho·spho·re		ho·mme	rr	ba·rre		ca·nard		fau·bourgs
	phi·lo·so·phe		go·mme		gue·rre		lé·zard	rcs	porcs
	bla·sphè·me		po·mme		te·rre		brou·illard		marcs
	phé·no·mè·ne		so·mme		beu·rre		pla·card		clercs

ÉLÉMENTS SYLLABIQUES COMPLEXES. (ARTICULATIONS, *suite.*)

ÉQUIVALENTS DE N.		ÉQUIVALENTS DE Z.		ÉQUIVALENTS DE Z.		ÉQUIVALENTS DE S.		ÉQUIVALENTS DE S.	
Sonne	dans les mots	Sonne	dans les mots	Sonne	dans les mots	Sonne	dans les mots	Sonne	dans les mots
mn=N,	da·mné	*s*=Z,	ré·seau	*x*=Z,	deu·xiè·me	*c*=S,	cir·que	*ç*=S,	con·çu
	au·to·mne		ro·seau		si·xiè·me		ci·té	*z*	Ro·dez
	con·da·mné		Jé·sus		di·xiè·me		ci·vil	*sc*	scel
gn	si·gnet		va·seux	ÉQUIVALENTS DE S.			ci·tron		scie
nn	A·nne		fu·sain	*t*=S,	na·tion		fian·cé		fai·sceau
	ca·nne		ha·sard		ac·tion		mer·ci	*sç*	sçu
	re·nne		pui·sard		mar·tial		sour·cil		sçus
	bo·nne		dé·sert	*c*	ce		oc·cis	*x*	Au·xe·rre
	do·nne		vi·sa		ci		ac·cès		six
	to·nne		ai·sé		cil		suc·cès		dix
	do·nné		boi·sé		cinq		suc·cin	*tz*	Metz
	a·nnée		fri·sé		cent		suc·cinct		Retz
	he·nnir		toi·sé		ceux		ac·ci·dent	*sth*	asth·me
	bo·nnet		bri·sé		ce·ci		va·can·ce	*ss*	a·ssez
	so·nnet		lé·sé		ce·la		si·len·ce		châ·ssis
	ho·nni		ra·sé		ce·lui		sin·cè·re		Me·ssie
	va·nnier		fu·sée		cen·ti·me		dé·ci·mal		ve·ssie
	a·nneau		pe·sée		cen·su·re		vi·ci·nal		boi·sseau
	pa·nneau		ri·sée		ba·lan·ce		ab·sen·ce		rui·sseau
	to·nneau		ro·sée		au·da·ce		pin·cée		ma·ssue
	ho·nneur		cau·ser		pour·ceau		cé·lè·bre		mou·sseux
	to·nne·rre		pui·ser		pin·ceau		an·cê·tre		de·ssous
	cou·ro·nné		vi·ser		mor·ceau	*ç*	fa·çon		cai·sson
	bou·to·nné		choi·si		dé·cès		ar·çon		ass·aut
	dic·tio·nnai·re		moi·si		can·cer		gar·çon		de·ssus
ÉQUIVALENTS DE Z.			A·si·e		la·cet		gla·çon		e·ssaim
s=Z,	ru·sé		cloi·son		ré·cit		le·çon		re·ssen·tir
	creu·set		mai·son		sou·ci		ma·çon		rou·ssâ·tre
	go·sier		oi·son		cer·tain		poin·çon		de·ssé·ché
	ro·sier		poi·son		con·cert		tron·çon		a·ssor·tir
	bi·seau		pri·son		cen·dre		soup·çon		fau·sse·té
	fu·seau		rai·son		cer·veau		ran·çon		ca·rro·sse
	mu·seau		sai·son		cî·me		re·çu		es·qui·ssé
	na·seau		ti·son		ci·re		dé·çu		a·bai·ssé
	oi·seau		toi·son		cin·tre		per·çu		di·ssi·pé

ÉLÉMENTS SYLLABIQUES COMPLEXES (ARTICULATIONS, *suite.*)

ÉQUIVALENTS DE J.		ÉQUIVALENTS DE J.		ÉQUIVALENTS DE T.		ÉQUIVALENTS DE ill.		ÉQUIVALENTS DE C (K).	
Sonne	dans les mots	Sonne	dans les mots	Sonne	dans les mots	Sonne	dans les mots	Sonne	dans les mots
g=J,	gens	*g*=J,	sau·va·ge	*tt*=T,	ad·me·ttre	*il*=ill,	tra·vail	*q*=C,	é·ques·tre
	gît	*ge*	or·geat		a·ba·ttu		bou·vreuil	*ch*	Christ
	sa·ge		geô·lier		a·ttri·sté		cer·feuil		chœur d'église
	gi·bet		tu geins		re·gre·tté		che·vreuil		loch
	gi·let		rou·geà·tre.		a·tta·ché		fau·teuil		scho·lie
	gi·bier		e·xi·geant[1]		a·tten·tif		a·ccueil		é·cho
	lo·gis						cer·cueil		pa·tri·ar·chal
	dé·gel	ÉQUIVALENTS DE T.		ÉQUIVALENTS DE ill.			é·cueil	*cc*	a·ccord
	ber·ger	*d*=T,	grand âge	*l*=ill,	mil, a·vril		or·gueil		a·ccro·ché
	dan·ger	*th*	thé·â·tre		lin·ceul		re·cueil		a·cca·blé
	fan·geux		thé	*ll*	co·qui·lle		fe·nouil		a·ccou·rir
	gé·mir		thon		bri·lle		a·tti·rail		a·ccom·pli
	vé·gé·tal		luth		pi·llard		a·ppa·reil		a·cco·mmo·de
	bou·gi·e		thym		ca·ri·llon		é·cu·reuil	*cs*	bacs
	or·gi·e		thè·me		ai·gui·llon				sacs
	vi·gi·e	*pt*	sept		pa·vi·llon	*gl*	im·bro·glio		secs
	char·gé		com·pté		po·sti·llon		Ca·glio·stro	*x*	ex·cè·de
	cor·ri·gé		prom·pte		ver·mi·llon	*lh*	Mi·lhaud		
	sou·la·gé	*tt*	gou·tte		an·gui·lle	*ils*	dé·tails	ÉQUIVALENTS DE ch.	
	dan·ger		cha·tte		tour·bi·llon	ÉQUIVALENTS DE G.		*sch*=ch,	schi·sme
	gé·ant		ja·tte	*il*	ail	*gu*=G,	gue·non	ÉQUIVALENTS DE gu.	
	dé·char·gé		la·tte		bail	*gg*	a·ggra·vant		
	o·ri·gi·ne		pa·tte		ver·meil	*c*	Czar	*g*=gu,	gai, gain
	fra·gi·le		de·tte		con·seil		se·cond		re·gain
	pro·di·ge		qui·tte		or·teil		se·con·der		gaî·ment
	a·sper·ge		bo·tte		pa·reil	*ch*	dra·ch·me	ÉQUIVALENTS DE qu.	
	au·ber·ge		flo·tte		ré·veil	ÉQUIVALENTS DE C (K).		*c*=qu,	cœur
	gé·né·ral		ho·tte		so·leil	*qu*=C(K),	quand		vul·cain
	dé·ran·gé		tro·tte		ber·cail		quoi		pu·bli·cain
	nau·fra·gé		lu·tte		bé·tail		quart		ma·ro·cain
	a·bré·gé		fro·tté		ca·mail		qua·tre	*cu*	é·cueil
	a·ffli·gé		ba·ttu		co·rail		qua·ran·te	*ccu*	a·ccueil
	en·gor·gé		a·ttraits		dé·tail	*g*	sang et eau	*cc*	o·ccu·pé
	dé·ga·gé		a·tti·rer		é·mail		rang élevé	*cqu*	a·cquit
	ré·di·gé		a·ttri·but		por·tail	*q*	cinq		a·cqué·rir
			a·tten·dre		poi·trail		coq	*k*	ky·ri·é

MONITEUR.

1ᵉʳ PROCÉDÉ. — Indique un signe équivalent, 1ʳᵉ colonne; exemple : G; ensuite il pose la baguette successivement sur le mot VÉ-GÉ-TAL, et sur la lettre majuscule J, qui est en tête de la colonne; puis montrant la partie soulignée du mot, *g* (la même que le signe équivalent), il dit : VÉ-GÉ-TAL; puis : *g* (gé) (2) sonne Je dans le mot VÉ-GÉ-TAL....

2ᵐᵉ PROCÉDÉ. — Indique, sans énoncer, l'équivalent G, puis le mot VÉ-GÉ-TAL, et la lettre majuscule J....

3ᵐᵉ PROCÉDÉ. — Énonce, sans indiquer, comme ci-dessus, le mot VÉ-GÉ-TAL....

ÉLÈVE.

— répète : VÉ-JÉ-TAL; puis : G (gé) sonne Je dans le mot VÉ-GÉ-TAL...

— répond : VÉ-JÉ-TAL; puis : G (gé) sonne Je dans le mot VÉ-GÉ-TAL...
— montre le mot et dit : G (gé), équivalent de J (ji)...

(1) On prononcé *egzi*. — (2) On énonce ici les signes alphabétiques par leur nom usuel.

La pa·ro·le, la pen·sée, la rai·son, sont les a·ttri·buts de l'ho·mme; c'est par·là qu'il a·git a·vec li·ber·té, qu'il peut co·mman·der à la na·tu·re et qu'il s'é·lè·ve jus·qu'à son au·teur. L'ho·mme a dom·pté les é·lé·mens, fran·chi les mon·ta·gnes, les fleu·ves et les mers; il a sou·mis à son pou·voir les a·ni·maux gi·gan·tes·ques, per·cé l'a·bî·me des eaux, et pé·né·tré dans les en·tra·illes de la te·rre. Il s'é·lè·ve mê·me dans les airs au-de·là des oi·seaux, et voit l'ai·gle vo·ler à ses pieds. DIEU a vou·lu que l'ho·mme fût dou·é de fa·cul·tés phy·si·ques, et d'or·ga·nes en ra·pport a·vec son in·tel·li·gen·ce.-La main est un de ces in·stru·mens si u·ti·les à l'ho·mme, à l'ai·de des·quels il e·xé·cu·te les cho·ses les plus di·ffi·ci·les: c'est le prin·ci·pal or·ga·ne du sens a·ppe·lé tou·cher.-Les au·tres sens de l'ho·mme sont la vue, l'ou·ie, le goût, l'o·do·rat. L'or·ga·ne de la vue est l'œil où l'on re·mar·que la pu·pi·lle, ou pru·ne·lle, trou per·cé dans le glo·be; le cri·stal·lin qui ra·ppro·che les rayons lu·mi·neux; la ré·ti·ne sur la·que·lle se pei·gnent les ob·jets; les pau·piè·res, les cils et le sour·cil qui pro·tè·gent l'œil. L'or·ga·ne de l'ou·ie est l'o·re·ille, a·vec le pa·vi·llon, le trou au·di·tif, le tym·pan; l'or·ga·ne du goût est le pa·lais a·vec l'a·ppa·reil de la bou·che : les lè·vres, les dents, la lan·gue, et les mu·scles de la joue pour la pré·hen·sion et la di·vi·sion des a·li·mens; l'or·ga·ne de l'o·do·rat est le nez, or·ga·ne pair co·mme l'œil.-Le pied, de mê·me que la main, est di·vi·sé en doigts, les doigts en pha·lan·ges; la der·niè·re pha·lan·ge est ar·mée d'un on·gle, sub·stan·ce cor·née.-La tê·te est por·tée par le tronc, co·mme le tronc par les mem·bres in·fé·ri·eurs, sa·voir: la jam·be et la cui·sse qui sont ar·ti·cu·lé·es au ge·nou. Les mem·bres su·pé·ri·eurs sont le bras, l'a·vant-bras, ar·ti·cu·lés au cou·de. Le tronc a pour a·xe la co·lo·nne ver·té·bra·le qui, chez les a·ni·maux, se pro·lon·ge en queue; le col est la par·tie qui joint la tê·te au dos et aux é·pau·les : les che·veux et la bar·be sont or·di·nai·re·ment en har·mo·nie a·vec la cou·leur des yeux. Le front est un des ca·ra·ctè·res les plus sa·illans et les plus beaux de l'e·spè·ce hu·mai·ne: il do·nne au vi·sa·ge la no·ble·sse et la di·gni·té qui a·ttes·tent son o·ri·gi·ne.-Les han·ches sont les cô·tés du ba·ssin. - Les os sont co·mme la char·pen·te du corps; la peau est son en·ve·lo·ppe ex·té·ri·eu·re, c'est le siè·ge du tou·cher.

PROCÉDÉS.—On suivra les procédés des n°s 26, 27, 31, etc.—Le Moniteur, ainsi que chaque élève, doit lire lentement; il fera attention aux signes *équivalents*, exprimés ici en caractères *italiques*, et surmontés de leur valeur.

(*) Il n'est pas nécessaire d'avertir que ce tableau est nécessairement très-incomplet; il est seulement destiné à faire naître le goût de l'étude de la nature, et à stimuler la curiosité qui caractérise le premier âge.

Citons encore les muscles qui servent au mouvement; les *nerfs* qui sont l'organe de la sensibilité; les veines et les artères où le sang circule; les différents viscères, tels que le foie, qui sécrète la bile; la rate, dont l'usage est inconnu; les reins qui sécrètent l'urine, et la vessie qui en est le réservoir; le poumon et les bronches, agens de la respiration, qui mettent le sang en contact avec l'air; l'estomac où les alimens sont digérés, et convertis en chyme; les intestins où se forme le chyle; le cerveau, centre du système nerveux; enfin, le cœur qui donne l'impulsion au sang, et d'où dépend la vie; les autres principaux liquides sont les larmes, la salive, et, chez les femmes, le lait. - L'homme ne jouit de toutes ses facultés que lorsqu'il est en santé; l'état de maladie l'expose à des infirmités ou à des souffrances qui appellent le secours de l'art médical. - La nature bienfaisante offre à l'homme des remèdes appropriés aux maux qui l'affligent. - La mort est une conséquence de la vie : c'est la loi à laquelle, en naissant, sont soumis tous les êtres organisés. - L'homme ne meurt pas tout entier : la religion enseigne que l'âme, la plus noble, la meilleure partie de lui-même, survit à la destruction du corps. La matière elle-même n'est pas anéantie, ne prend pas fin; mais elle se transforme, elle entre en de nouvelles combinaisons. - La famille est ordinairement composée du père, de la mère, du fils et de la fille, quelquefois de l'aïeul, et des petits-fils. Les enfans du même père, ou de la même mère, sont appelés les frères. Le frère et la sœur du père ou de la mère sont l'oncle et la tante; les enfants du frère ou de la sœur sont appelés neveu et nièce. Le mari de la fille est le gendre; l'épouse du fils est la bru. Les enfans de plusieurs frères, ou sœurs, sont dits cousins, ou issus de germains. - L'espèce humaine se divise en plusieurs races; les principales sont celles qu'on appelle la blanche, la jaune, la noire, la rouge ou cuivrée; la première, en général, appartient à l'Europe et à l'Asie, la deuxième à l'Asie, la troisième à l'Afrique, la quatrième à l'Amérique.

PROCÉDÉS. — On suivra les procédés des n°⁵ 26, 27, 31, etc. — Le Moniteur, ainsi que les élèves doit lire lentement; il fera attention aux signes *équivalents*, exprimés ici en caractères *italiques*, et surmontés de leur *valeur*.

(*) Il n'est pas nécessaire d'avertir que ce tableau est nécessairement très-incomplet; il est seulement destiné à faire naître le goût de l'étude de la nature, et à stimuler la curiosité qui caractérise le premier âge.

Signes équivalents usités dans la langue française.

EXERCICES SUR LES MOTS DIFFICILES, LES RÈGLES ET LES EXCEPTIONS.

§ I. VALEURS DE S.

Règle 1re. — En général S, entre deux voix, soit monogrammes, soit digrammes (1), sonne Ze; mais quand la première voix ou bien les deux voix sont l'une des nasales *an, en, in, on, un*, S sonne Se; exemple : 1°.

Se
an·se
pan·se
gan·se
dan·se
dé·fen·se
dé·pen·se
il en·cen·se
an·sé·a·ti·que
tran·si

en·sei·gne
mon·sieur
ton·su·re
con·si·gne
pin·son
dan·sons
pan·sant
pen·sons
chan·son
con·sent
San·son

Exceptions. — Prononcez Ze, suivant la règle générale, dans :

Ze
trans·i·gé
trans·it
trans·i·tion
trans·i·toi·re
trans·al·pin

2° S sonne Se, en général après la syllabe *pré* et autres prépositions.

Se
pré·sé·an·ce
pré·su·ppo·se
pro·sec·teur
con·tre·seing
pa·ra·sol etc.

Nta. Prononcez Ze, suivant la règle, dans :

Ze
pré·su·mé
pré·ser·vé
pré·sa·gé

3° S vaut Se dans certains mots, tels que :

Se
vé·si·cu·le (et les dérivés)
vé·si·cu·leux
vé·si·ca·toi·re

Règle 2e. — S, entre une voix et une articulation. et réciproquement, sonne Se, exemple :

Se
as·pic
is·la·mis·me
os·ten·si·ble
us·ten·si·le
ob·sé·dé
ar·se·nal
cor·sa·ge
ur·su·li·ne

Exception. — Prononcez Ze dans :

Ze
Is·ra·ël, et dans
bal·sa·mi·ne
bal·sa·mi·que
al·sa·ce
Ar·sa·ce

§ II. VALEURS DE Y.

Règle. — Y a le son de *i* entre deux voix, soit monogrammes, soit digrammes; mais quand la première voix est *o* ou *u*, Y équivaut à deux *i* (i, ï), qui se partagent entre deux syllabes; exemples : prononcez *i, i*, dans :

i,i
roy al (2)
roy au me
foy er
moy en
moy eu
voy a ge
boy au
soy eux
tuy au
fuy ard

---

i,i a·ppuy·é

Prononcez *i*, après *a, e.*

i
ga·yac
Ba·yo·nne
Ma·ye·nne
Ba·yard, etc.

Exceptions. — AY se prononce É-Ï, dans :

pa·ys (pé-ï)
pa·yé (pé-ïé)
ra·yé é·ta·yé
é·ga·yé
ba·la·yé
fra·yer
bé·ga·yé
e·ssa·yé

§ III. VALEURS DE X.

Règle 1re. — X, soit après *e* et suivi d'une voix, soit initial, sonne GZe, exemple :

GZe
e·xa·mi·ne
e·xal·té
e·xa·spé·ré
e·xem·ple
e·xer·cé
e·xé·cu·té
e·xil
e·xi·gu
e·xi·sté
e·xor·de
e·xhor·té
e·xo·ti·que
e·xi·gé
Xa·vi·er Xé·nie

Exception. — Prononcez CSe, dans :

CSe Me·xi·que etc.

Règle 2e. — X, après *a, i, o, u*, soit médial, soit final, sonne CSe, exemple :

CSe a·xe ri·xe
a·xil·lai·re
a·xi·ô·me

SUITE DES VALEURS DE X.

CSe ma·xi·me
o·xy·gè·ne
o·xa·li·que
bo·rax
tho·rax
Stix o·nix
phé·nix
linx Fox
sphinx

Exception. — Prononcez Se, dans :

Se six dix Aix
Bru·xelles
Au·xerre

Règle 3e. — X final, dans les mots soit en *eux*, soit au pluriel, ne sonne pas; il en est de même des suivants :

faix paix
flux faux
roux doux
choix poix
cou·rroux

Règle 4e. — X, devant *c* suivi de *e, i*, sonne C (Ke), exemples :

C (Ke)
ex·cel·lent
ex·cès
ex·cé·dent
ex·ci·tant
ex·cep·té

Règle 5e. — X, devant *c* suivi de *a, o, u*, et devant toute autre articulation, sonne CSe, exemples :

CSe ex·cu·se
ex·trê·me
ex·té·ri·eur
ex·pert

§ IV. VALEURS DE ILL, LLE.

Règle 1re. — ILL initial n'a jamais la valeur de *ill* (son mouillé), et sonne IL-Le, exemple :

IL-Le il·lé·gi·ti·me
il·lé·gal
il·lu·stré

Règle 2e. — ILL médial a presque toujours la valeur du son mouillé (*ill*), ex. :

ill ba·illon

SUITE DES VALEURS DE ILL, LLE.

ill ba·ta·illon
o·re·iller
brou·illon

Règle 3e. — LLE final, après *i*, a presque toujours valeur de *ill* (son mouillé), ex. :

ill fi·lle bi·lle
fa·mi·lle
che·vi·lle
che·ni·lle

Exceptions. — Prononcez Le, dans :

LE mi·lle
vi·lle Li·lle
tran·qui·lle
pu·pi·lle
di·sti·lle, etc.

§ V. VALEURS DE IL.

Règle. — IL, après *a, e, ou...* sonne *ill* (son mouillé, voy. les exemples IVe classe); il en est de même, soit après *ue*, soit après *eu*, exemples :

ill a·ccueil
é·cueil
cer·cueil
re·cueil
or·gueil
deuil seuil
treuil
che·vreuil
bou·vreuil
é·cu·reuil

§ VI. VALEURS DE G, C.

Règle. — G, C, devant *e, é, è, i, eu, en, in*, et devant les voix doubles commençant par *i*, sonnent respectivement Je, Se; devant *a, o, u, ou, oi, an, on, un* et les voix doubles commençant par *o*, sonnent GUe, QUe ou Ke; et devant *ai* (quoique l'équivalent de *è*), sonnent aussi GUe, QUe, exemples :

gu gai·té
gai·ment
gai·ne

qu cai·sse
cal·cai·re
le Cai·re

ENSEIGNEMENT MUTUEL.

LECTURE PRÉPARATOIRE.

[N° 49.]

MÉTHODE DE M. JOMARD.

EXERCICES SUR LES MOTS DIFFICILES, LES RÈGLES ET LES EXCEPTIONS. (*Suite.*)

§ VII. VALEURS DE GN.

Règle. — GN initial, ou dans les mots tirés du latin, etc., sonne GUe-Ne; exemples:

GUe-Ne g-nô·me
g-no·mon
g-no·mo·ni·que
g-no·sti·que
dia·g-no·sti·que
i·g-ni·tion
re·g-ni·co·le
sta·g-nant
ma·g-ni·fi·cat
in·ex·pu·g-na·ble

§ VIII. VALEURS DE QU, GU.

Règle 1re. — *Qu, gu,* devant *é, eu, in, un,* sonnent comme devant *i*, exemples:

qu qui é·qui·té
é·qui·li·bre
quel qu'un
ques·tion
quin·te
queue guet

Exceptions. — *Qu* sonne comme *k-u* dans

KU ques·teur (*kues*·teur)
a·qui·a
é·que·stre
qui·tus
qui·bus
é·qui·la·té·ral
quin·quen·nal

GU On dit ai·gui·lle

Règle 2e. — *Qu,* devant *a, o, oi, ou, an, on,* sonne C (Ke), exemples:

C(Ke) quart
quar·te·ron
qua·li·té
qua·tre qua·si
qua·ran·te
qua·tor·ze
quar·tier
qua·train
quan·tiè·me

SUITE DES VALEURS DE QU, GU.

C(Ke) quand quant
quoi
quoi·que
quo·ti·té
quo·ti·dien

Exceptions. — *Qu, gu* sonnent CO, GO ou COU, GOU, dans:

CO quartz
qua·ker
é·qua·teur
é·qua·tion
qua·dra·tu·re
qua·dru·ple
qua·dru·pè·de

GO Gua·de·lou·pe

§ IX. VALEURS DE CH.

Règle. — *Ch* initial, final, ou devant une consonne, a la valeur de C (Ke), exemples:

C(Ke) chré·tien
cha·os Christ
chrê·me
chlo·re
chrô·me
chro·ni·que
chro·no·lo·gie
chro·no·mè·tre
chro·ma·ti·que
chry·sa·li·de
chla·mi·de
te·ch·ni·que

CH médial sonne aussi Ke dans:

é·cho
or·ches·tre

§ X. VALEURS DE U DEVANT M FINAL.

Règle. — *u*, devant *m* final, a la valeur de O, exemples:

O fac·tum
al·bum
mu·sé·um
mi·ni·mum

SUITE DES VALEURS DE U.

O ma·xi·mum
o·pi·um
dé·co·rum
pen·sum
ster·num
dic·tum

Exception. — UM sonne *un*, dans:

un par·fum

AM, EM, OM, devant une articulation, sonnent A.Me, É.Me, O.Me, dans:

A·Me am·ni·stie
Am·rou

É·Me in·dem·ni·té
Mem·non

O·Me in·som·nie
som·nam·bu·le

§ XI. VALEURS DE EN.

Règle. — EN, suivi de CE, sonne **an**, exemple:

an ab·sen·ce
li·cen·ce
si·len·ce
sci·en·ce
ex·pé·ri·en·ce

§ XII. VALEURS DE ED, EZ, ER, FINALS.

Règle. — *Ed* ou *ez* final sonne *é, é.* Exemples:

É pied bled
nez as·sez
rez (de chaussée)
so·yez al·lez

È lez-Paris

Règle 2e. — *Er* final, sonne *é* dans les substantifs et les adjectifs (et aussi dans les verbes, s'il n'y a pas liaison avec le mot suivant), excepté dans les monosyllabes et quelques autres mots, tels que:

È hier fier
ver cher
fer mer
can·cer
en·fer
é·ther

SUITE DES VALEURS DE ED, EZ, ER.

È a·mer
pa·ter
lu·ci·fer
Ju·pi·ter
ma·gi·ster

§ XIII. VALEURS DE E MUET.

E sonne *a* dans divers mots, exemples:

A So·le·nnel
in·dem·ni·té
fe·mme
he·nnir
in·so·le·mment
vio·le·mment

§ XIV. VALEURS DE E, ES.

Règle 1re. — *E* sonne *è* devant les articulations, soit doubles, soit redoublées, exemples: pa-re-sse, etc., excepté dans les mots qui suivent:

E(muet) re·ssort
de·ssus
re·sse·rrer
re·ssen·tir
re·ssour·ce
re·ssor·tir
re·ssou·ve·nir
re·ssem·bler etc.

Nta. On prononce É dans:

É re·ssus·ci·ter
re·ssu·yer etc.

Règle 2e. — ES final sonne toujours *e* muet dans les substantifs et les adjectifs pluriels, et dans les verbes (2e personne), exemples: les *â*-MES, tu *ai*-MES, etc., excepté dans les monosyllabes où ES sonne É.

È mes tes ses
les des ces

§ XV. VALEURS DE ENT.

Règle 1re. — *Ent* final se prononce *e* muet dans les *verbes* à la 3e personne du pluriel au présent (c'est-à-dire dans les mots devant lesquels on peut mettre *ils*).

Règle 2e. — *Ent* final se prononce *an* dans les noms substantifs, les adjectifs et les adverbes, exemples:

E(muet) ils u·sur·pent
an un ar·pent
E(muet) ils é·li·mi·nent
an un homme é·mi·nent

SUITE DES VALEURS DE ENT.

E ils ré·cla·ment
an le fro·ment
vi·ve·ment.
E ils pa·rent
an le pa·rent.
E ils es·ti·ment
an le bâ·ti·ment.
E ils ri·ment
an un com·pli·ment.
E ils trou·vent
an le vent
an sou·vent.
E ils a·fflu·ent
an vers l'a·fflu·ent
an au con·flu·ent.
E ils pri·sent
an le pré·sent.
E ils ré·su·ment
an l'ar·gu·ment.
E ils ex·hu·ment
an le mo·nu·ment.
E ils é·ta·lent
an leur ta·lent.
E ils char·gent
an l'ar·gent.
E ils sti·pu·lent
an avec l'o·pu·lent.
E ils pro·tè·gent
an le ré·gent.
E ils ou·tra·gent
an l'a·gent.
E ils dar·dent
an un feu ar·dent.
E ils ré·si·dent
an chez le ré·si·dent.
E ils dé·ci·dent
an sur l'in·ci·dent.
E ils pre·ssent
an il pre·ssent (1)

MONITEUR.

1er PROCÉDÉ. — Indique un mot; exemple: I.*G-NI*·TION, et la partie soulignée du mot, GN; puis, la valeur du son à énoncer (GU*e*, N*e*), laquelle est indiquée en marge; et il dit: I·*G-NI*·TION; *g, n* (*gé, ène*) (2), dans I·*G-NI*·TION, vaut GU*e*, N*e*...

2me PROCÉDÉ. — Indique, sans énoncer, le mot I*G-NI*-TION, et la valeur GU*e*, N*e*...

3me PROCÉDÉ. — Énonce, sans indiquer, le mot I·*G-NI*·TION seulement...

ÉLÈVE.

— répète: I·*G-NI*·TION; *g, n* (*gé, ène*), dans I·*G-NI*·TION, vaut GU*e*, N*e*...

— répond: I·*G-NI*·TION; *g, n* (*gé, ène*), dans I·*G-NI*·TION, vaut GU*e*, N*e*...

— montre et prononce le mot I·*G-NI*·TION...

(1) De *pressentir.* — (2) On énonce ici les signes alphabétiques par leur nom usuel. *N. B.* Les élèves s'occupent seulement des mots en *colonnes* et non de ce qui est imprimé en très-petits caractères.

SUITE DES VALEURS DE ENT.

Ent final, dans certains verbes en *ir*, au présent 3e personne du *singulier*, se prononce AN. (*Voir* n° 49, § XV.)

an
il ment.
il dé-ment
il sent.
il con-sent
il re-ssent
il se re-pent.

Tandis qu'il faut prononcer *e* muet dans :

E
ils sè-ment.
ils pen-sent.
ils dis-pen-sent.
ils com-pen-sent.

§ XVI. VALEURS DE IENT.

Règle. — *ient*, dans les *verbes*, 3e personne du singulier, sonne Ï long, et, dans les substantifs, *ian*, exemples :

iin
il tient.
il vient.
il con-vient.
il de-vient(1).

Î
ils crient, prient
ils ex-pé-di-ent

ian
vers l'o-ri-ent.
un ex-pé-dient.

Î
ils am-ni-stient.
ils châ-tient.
ils con-vient.
ils dé-vient.
ils su-pplient

ian
le cli-ent.

§ XVII. VALEURS DE T.

Règle 1re. — *T*, devant les voix doubles *ia*, *ié*, *ien*, *ion*, dans les substantifs et les adjectifs, sonne Se. Devant *ion*, T sonne Te dans les *verbes* à l'imparfait, 1re personne du pluriel (c'est-à-dire, quand on peut mettre *nous* devant ces mots); exemples :

Se
par-tial
mar-tial
fa-cé-tie

SUITE DES VALEURS DE T.

Se
mi-nut-ie
nup-tial
par-tiel
sub-stan-tiel
pes-ti-len-tiel
Gra-tien
Ti-tien

Te nous goû-tions
Se les po-tions (2).
Te nous van-tions
Se les in-ven-tions
Te nous fla-ttions
Se les na-tions.
Te nous ci-tions
Se les tra-di-tions
Te nous ô-tions
Se les lo-tions.
Te nous gra-ttions
Se les ra-tions.
Te nous ex-cep-tions
Se les ex-cep-tions.
Te nous i-mi-tions
Se les ac-tions.
Te nous no-tions
Se les no-tions.
Te nous por-tions
Se les por-tions.

Les verbes *balbutier*, *initier*, font exception :

Se il bal-bu-tia
il i-ni-tia
bal-bu-tiant
i-ni-tiant

Règle 2e. — T devant *ion*, *ien*, sonne Te dans les substantifs, quand il est précédé de *s*, *x*; exemples :

Te ba-stion
ques-tion

SUITE DES VALEURS DE T.

Te ges-tion
com-bus-tion
Bas-tien
mix-tion

§ XVIII. VALEURS DES CONSONNES FINALES.

Règle. — D final sonne quelquefois; *m*, *s*, *t*, *p*, rarement; *n*, *z*, presque jamais; *b*, *c*, *f*, *g*, *k*, *l*, *q*, *r*, *x*, presque toujours; *h*, *ch*, sont peu usités; *v*, *j*, *gn* sont inusités; exemples :

De sud Gad
Cid Da-vid
Nem-brod
Me i-dem i-tem
Jé-ru-sa-lem
A-bra-ham
Pri-am
in-té-rim
Se-lim
I-bra-him
sel d' Ep-som
Se as Mi-das
at-las hé-las
Pal-las
Da-mas
vis i-ris lis
gra-tis Thé-tis
fils O-si-ris
bis Thé-mis
A-do-nis
Mem-phis
Sé-mi-ra-mis
os Ar-gos
A-tro-pos
Mi-nos
us ré-bus
sus plus
blo-cus

SUITE DES CONSONNES FINALES.

Se qui-tus
o-re-mus
Ja-nus
Vé-nus
Mons Lons
Te mat (échec et)
mat (or) vi-vat
sept huit
net gra-nit
rit pré-té-rit
dot lut chut
oc-ci-put
Pe trap cap trop
croup Gap
Ne hy-men
glu-ten
ab-do-men
a-men
ex-a-men
É-den
Ze gaz Fèz

Nª. *F* ne sonne pas dans CLEF.

Ée clef

§ XIX. VALEUR DES CONSONNES REDOUBLÉES.

Règle 1re. — En général, on ne fait sentir qu'une seule des consonnes redoublées, et elle se joint à la voyelle qui suit (*voyez* 6e classe); mais toutes deux sonnent séparément dans les exemples suivants :

B-B Ab-bas
gib-bo-si-té
P-P ap-pa-ri-tion
Hip-po-dro-me
hip-po-po-ta-me
Hip-po-ly-te
Hip-po-cra-te
M-M gam-ma
Am-mon

SUITE DES CONSONNES REDOUBLÉES.

M-M am-mo-nia-que
mam-mi-fè-re
im-men-se
im-mo-lé
im-mo-ral
im-mor-tel
im-mon-de
im-mo-bi-le
im-mi-nent
im-mé-mo-ri-al
Om-mi-a-de
com-mu-é
som-mi-té

Nª. *Em-m...*, initial ou médial, sonne comme s'il y avait une nasale : AN-me.

an em-me-né
em-ma-illo-té

Exceptions :

M-M Em-ma-nu-el

F-F af-fa-ble
af-fi-ni-té
af-fi-li-é
ef-fé-mi-né

L-L al-lé-go-rie
al-lé-lui-a
hel-lé-bo-re
il-lu-sion
il-lu-mi-né
il-lus-tre
il-lé-gal
sa-tel-li-te
ol-lai-re

S-S as-si-du
as-si-du-i-té
as-si-mi-lé
os-si-fi-é

MONITEUR.

1er Procédé. — Indique un mot; exemple : il DE-VIENT, et la partie soulignée du mot, *ient*; puis, la valeur du son à énoncer (*iin*), laquelle est indiquée en marge; et il dit : DE-VIENT...; *i, e, ène, té* (3), dans DE-VIENT, vaut *iin*....

2me Procédé. — Indique, sans énoncer, le mot DE-VIENT, et la valeur *iin*....

3me Procédé. — Énonce, sans indiquer, le mot DE-VIENT seulement ...

ÉLÈVE.

— répète : DE-VIENT...; *ient*, (*i, e, ène, té*), dans DE-VIENT, vaut *iin*...
— répond : DE-VIENT...; *ient*, (*i, e, ène, té*), dans DE-VIENT, vaut *iin*...
— montre et prononce le mot DE-VIENT...

(1) Il est bon de faire dire, immédiatement après ces mots, les exemples écrits sept lignes plus bas : ils CON-VIENT et ils DÉ-VIENT, où *ient* vaut *t*. — On peut beaucoup multiplier les exemples de ces difficultés; ils cou-vent, le cou-vent; ils pré-cè-dent, le pré-cé-dent; ils né-gli-gent, le né-gli-gent; ils vio-lent, le vio-lent; ils ex-cel-lent, l'ex-cel-lent; ils dif-fè-rent, le dif-fé-rent; ils pré-si-dent, le pré-si-dent; ils ra-con-tent, il fut con-tent, etc. — (2) Le Moniteur et les élèves disent de suite les deux mots : goûtions, potions et ainsi des suivants. — (3) On énonce ici les signes alphabétiques par leur nom usuel.

N. B. Les élèves ne s'occupent pas de ce qui est imprimé en petits caractères dans les Tableaux de la VIIe classe, n° 48 à 51.

SUITE DES CONSONNES REDOUBLÉES.

D·D ad·di·tif
ad·di·tion

T·T at·té·nu·er
at·ti·tu·de
at·ti·que

R·R ar·ro·ger (s')
er·reur
ir·ri·té
ir·ré·so·lu
mour·ra (11)
cour·ra (11)

N·N an·no·ter
an·ne·xe
an·nu·el
an·nu·lle (11)
in·no·ver
in·né
in·nom·bra·ble

enn..., sonne comme s'il y avait une nasale, AN-n, dans;

an en·nui
en·no·blir (1)

G·G ag·glu·ti·né
sug·gé·ré
sug·ges·tion

C·C ac·co·la·de
ac·cu·mu·lé

Nta. Mots où le 1er C sonne Ke, le 2e, Se.

ac·cent
ac·cès
ac·ci·dent
oc·ci·put
oc·cis ac·cès

§ XX. PLUSIEURS VOIX CONSÉCUTIVES APPARTENANT A DES SYLLABES DIFFÉRENTES.

Règle. — a, e, o, suivis d'i ou d'u, font deux syllabes, quand il y a deux points sur la voyelle qui suit ou un accent sur l'e (2); suivis de a, e, ou o, ils font toujours deux syllabes (excepté les mots: paon, faon, Laon, taon, Saône, aoriste, Jean, Caen; voir ve classe).

I, suivi de a, e, o, u, et des voyelles digrammes, fait une *voix double*, et assez ordinairement une seule syllabe, à moins que l'i ne soit précédé d'une articulation double (3), exemples:

A-Ï ma·ïs ha·ïr
ha·ïs·sa·ble
La·ïs Sa·ül
Ca·ra·ïbe
I·sa·ïe
na·ïf Ca·ïn

A·Ü E·sa·ü
Em·ma·üs

É-I o·bé·ir
dé·iste
ré·u·nir
ré·us·sir

O-Ë po·ë·te
po·ë·me

O-Ï é·go·ïsme
o·vo·ï·de
cy·clo·ï·de
Mo·ï·se

O-In co·ïn·ci·de

I-O li·on ni·ons
I·o i·o·ni·en
i·o·ni·que

U-I a·ssi·du·i·té
in·gé·nu·i·té

§ XXI. MOTS OÙ L'H EST ASPIRÉE.

Nta. Il n'y a point de *règle* pour distinguer ces mots; il faut les savoir par cœur, ou bien apprendre à les reconnaître par l'usage.

H har·ce·lé
heur·té
ha·gard
hur·lé
ho·nni
ha·ri·cot
han·té
ha·ras hu·é
har·di hors
har·de

SUITE DE L'H ASPIRÉE.

H ho·mard
hi·deux
ha·le·té
ha·reng
har·gneux
han·ne·ton
hou·le·tte
houx hu·ne
ha·quet
hu·re
har·nois
ha·ra·ssé
ho·yau
har·pe
hou·sse
har·pie
hou·blon
ho·tte
hou·ille
hon·te
hor·de
ho·quet
hou·sse
hâ·te hu·tte
ha·sard
haut   haie
he·nni
hé·raut
hé·ri·ssé
hê·tre
hi·ssé
han·gar
hé·ron
ho·chet
hu·ppe
her·se
ha·lle hâ·le

SUITE DE L'H ASPIRÉE.

H hi·bou
hal·te
hai·ne
ha·meau
ha·la·ge
ha·illon
han·che
ha·che
hé·ros, etc.

L'*H* n'est pas aspirée dans:

hé·ro·ï·sme
hé·ro·ï·ne

§ XXII. LIAISONS DES MOTS ENTRE EUX.

Règle 1re. — En général, l'articulation finale d'un mot, suivie ou non d'un e muet, SE LIE avec la première voix du mot suivant, de manière à ne former qu'une syllabe (4), exemple:

la ro·be a·zu·rée; dites:

la ro·b-a·zu·rée (5)

Exceptions. — 1° Il n'y a pas de liaison du p, de l, de l'm, du d, à l'e qui suit, quand l'articulation finale ne sonne pas (*Voy.* § XVIII), ex.:

le loup est fu·ri·eux
le per·sil est cuit
le nom est pro·non·cé
le bled est gâ·té
le pied est le·vé

2° Quand le mot finit par r (à moins que ce ne soit un verbe; les adjectifs se lient aussi quelquefois), exemples:

le va·cher est parti
le co·cher a pris son fouet
le bou·cher ira au marché, etc.

3° Quand le mot suivant commence par une h aspirée, exemple:

le hon·teux spec·ta·cle
le bra·ve hé·ros

SUITE DES LIAISONS DES MOTS ENTRE EUX.

4° Après les voix nasales an, on, am, om, etc., si ce n'est pas un adjectif, ex.:

le li·on a·ppro·che

Nta. On dit: mo·n-a·mi
le bo·n-a·mi

5° Le mot ET ne se lie jamais.

Règle 2°. — Quand il y a liaison, l'articulation douce se change en forte, exemple:

le plus grand arbre; prononcez:

gran·t-ar·bre.

il apprend à lire; prononcez:

a·ppren·t-a li·re.

neuf amandes prononcez:

neu·v-a·man·des;

mais on dit: le mo·tif-est gra·ve.

le sang est échauffé; prononcez:

le san·k-est é·chau·ffé.

un long espace; prononcez:

lon·k-e·spa·ce;

Règle 3°. — En cas de liaison, s et x se changent en z; on lit comme si les deux mots n'en faisaient qu'un, exemples:

il a six enfants; prononcez:

si·z-en·fants.

mes amis; prononcez:

mè·z-a·mis.

nos adversaires; prononcez:

no·z-ad·ver·sai·res.

Règle 4°. — Quand le mot fini par rd, rt, la liaison s'opère avec l'r, comme s'il n'y avait pas de d ou de t final, exemples:

le bavard a fini; prononcez:

le ba·va·r-a fi·ni.

le rempart est forcé; prononcez:

le rem·pa·r-est forcé.

le retard a cessé; prononcez:

le re·ta·r-a ces·sé.

l'art est difficile; prononcez:

l'ar-est di·ffi·ci·le.

ACCENTS, PONCTUATIONS, SIGNES ET ABRÉVIATIONS.

´	Accent aigu.	Mr M.	Monsieur.	Demt	Demeurant.
`	Accent grave.	MM.	Messieurs.	Dépt	Département.
^	Accent circonflexe.	Mme	Madame.	C.-à-d.	C'est-à-dire.
¨	Tréma.	Mlle	Mademoiselle.	Nta	Nota.
,	Virgule.	Mr	Maître.	N. B.	Nota bene.
.	Point.	Md	Marchand.	P. S.	Post-scriptum.
:	Deux points.	Le Sr	Le Sieur.	Ex.	Exemple.
;	Point-virgule.	Vv	Veuve.	7bre	Septembre.
?	Point interrogatif.	S. M.	Sa Majesté.	8bre	Octobre.
!	Point exclamatif.	S. A. R.	Son Altesse Royale.	9bre	Novembre.
'	Apostrophe.	Mgr	Monseigneur.	10bre	Décembre.
-	Trait d'union.	Bon	Baron.	No	Numéro.
*	Astérisque.	Cte	Comte.	1o	Primo.
§	Paragraphe.	Mis	Marquis.	2o	Secundo, etc.
" "	Guillemets.	S. Ex.	Son Excellence.	1er	Premier.
( )	Parenthèses.	S. E.	Son Éminence.	2e	Deuxième, etc.
[ ]	Crochets.	S. S.	Sa Sainteté.	&, etc.	Et cætera.

MONITEUR.

1er Procédé. — Indique un mot; exemple: MA-ÏS ou HEUR-TÉ, et la partie soulignée du mot; puis, la valeur du son (H), à énoncer, comme dans HEUR-TÉ... laquelle valeur est indiquée en marge; et il dit: MA-ÏS... HEUR-TÉ...; AÏ, dans MA-ÏS, vaut A-Î... H, dans HEUR-TÉ, est aspirée....

2e Procédé. — Indique, sans énoncer, le mot MA-ÏS... ou HEUR-TÉ et la valeur H aspirée....

3e Procédé. — Énonce, sans indiquer, le mot MA-ÏS... HEUR-TÉ...

ÉLÈVE.

— répète: MA-ÏS...; AÏ, dans MA-ÏS, vaut A-Î....

— répond: MA-ÏS...; AÏ, dans MA-ÏS, vaut A-Î...

— montre le mot MA-ÏS, etc....

(1) en-n a trois valeurs différentes dans e-nne-mi, en-nui et en-né-a-gô-ne. — (2) Il en est de même de u suivi de i. — (3) Il en est de même de u, ou, suivis de a, e. — (4) Il y a, en général, liaison des pronoms de toute espèce, des adjectifs, des prépositions et des adverbes, avec les mots qui les suivent. — (5) Dans ce cas, c'est-à-dire si l'articulation est suivie d'un e muet, il y a élision, c'est-à-dire suppression complète de l'e.
N. B. Les élèves ne s'occupent pas de ce qui est imprimé en petits caractères dans les Tableaux de la VIIe classe, nos 48 à 51.

LECTURE COURANTE.

[N° 52.]

SENTENCES, MAXIMES ET PROVERBES.

1. Il n'y a qu'un seul Dieu. — 2. *C'est* Dieu qui a *fait* *tout* ce qui *est*.

3. Dieu *dit* : Que le jour *soit fait*, *et* le jour *fut fait*.

4. *C'est* de Dieu *que* je *tiens* tout ce *que* j'ai.

5. Dieu a l'*œil en tous lieux*, il *voit dans tous les cœurs*.

6. Ne *fais point* le mal; *fais* le bien *en tout temps*.

7. *Sois* bon, *et* ne *fais point* de *cas* du mal qu'on *dit* de toi.

8. Ne *dis que* ce *que* tu *sais*. — 9. Ne *vois que les gens* de bien.

10. Plus on *est sot*, plus on *est vain*.

11. On se *tient* où l'on *est* bien. — 12. Un fou ne *sait pas* où il va.

13. Qui ne *sait pas* le prix du *temps sait* bien peu.

14. Qui ne doute de rien ne *sait* rien. — 15. Rien n'*est beau que* le *vrai*.

16. *Bats* le fer *quand* il *est chaud*. — 17. *Pas* à *pas*, on va *fort* loin.

18. Un fou ne *peut* se *tai-re*. — 19. Qui *est* bien, qu'il s'y *tie-nne*.

20. Le jour n'*est pas* plus pur *que* le *fond* de mon *cœur*.

21. Si je *fais* ce *que* je *peux*, je *fais* ce *que* je *dois*.

22. Qui *do-nne* vite, *do-nne deux fois*. — 23. *Te-lle* vi-e, *te-lle* fin.

24. Ne *fais pas* à un *au-tre* ce *que* tu ne *veux pas* qu'il te *fa-sse*.

25. Qui ne se *la-sse point vient* à *bout* de *tout*.

26. La *vai-ne* gloi-re a *des fleurs et* n'a *point* de *fruits*.

27. Ne *dis* rien d'un *au-tre que* tu ne *sois* prêt à lui *di-re en fa-ce*.

28. Tu *vois* u-ne pa-ille qui *est dans* l'*œil* de ton *frè-re*, mais tu ne *vois*
   pas la *pou-tre* qui *est dans* ton *œil*.

29. Il n'*est* rien tel *que* l'*œil* du *maî-tre*.

30. Il *faut* *pren-dre* le *temps* *co-mme* il *vient*.

31. Qui *ca-sse les ve-rres*, les *pa-ye*. — 32. Qui m'*ai-me*, *ai-me* mon chien.

33. Un *coup* de *lan-gue est* pi-re qu'un *coup* de *lan-ce*.

SENTENCES, MAXIMES ET PROVERBES.

1. Dieu *ai*-me ce-lui qui *ai*-me son frè-re *et ses* pro-ches.

2. Il n'y a p*as* de pi-re *eau que* ce-*lle* qui dort.

3. L'ho-*mme* ju-ste *et* pro-be *jouit* seul de la p*aix* de l'â-me.

4. L'*œil* du maî-tre *fait plus que ses deux* m*ains*.

5. F*ais* le bien sur le ch*amp;* tu n'*es* p*as* sûr d'un jour de vie.

6. Il ne *faut* p*as* ven-dre la p*eau* de l'ours *qu*'on ne l'*ait* pris.

7. Ne son-ge p*as au* mal *qu*'on t'a f*ait, mais au* bien *que* tu *as* re-çu.

8. Qui dort long-temps ne se-ra ja-m*ais* sa-v*ant*.

9. N'a-*ttends* ja-m*ais que* ton a-mi fa-*sse* ce *que* tu p*eux* f*ai*-re toi-mê-me.

10. A m*au*-v*ais* che-min dou-ble le p*as*. — 11. *Point* d'e-*ffet sans* c*au*-se.

12. L*es* pre-mi*ers* à ta-ble s*ont les* der-ni*ers au* tra-v*ail*.

13. Si tu f*ais* du mal, a-*ttends* du mal. — 14. Pro-m*ets* peu, *et* ti*ens*-le.

15. Qui n'a p*as* vou-lu qu*and* il a pu, ne pou-*rra* p*as* qu*and* il vou-dra.

16. Il v*aut mieux* se t*ai*-re *que* de par-l*er* mal.

17. Par-l*er sans* pen-ser, *c'est* ti-rer *sans* vi-*ser*.

18. Qui se ré-*sout* à la hâ-te, se re-p*ent* à loi-sir.

19. Peu man-*ger et* peu par-l*er,* ne f*it* ja-m*ais* de mal.

20. Si tu v*eux* ê-tre bi*en* ser-vi, ser*s*-toi toi-mê-me.

21. D*is*-moi qui tu han-t*es,* je te di-*rai* qui tu *es*.

22. Il ne *faut* pas ju-*ger des gens* sur la mi-ne.

23. Que cha-*cun* par-le de *ce* qu'il s*ait*. — 24. Au nou-v*eau tout est beau.*

25. A quel-*que* cho-se mal-*heur est* bon.

26. Han-te l*es* b*ons, et* tu se-r*as* bon.

27. A-*pprends* a-vec pei-ne, *et* tu s*au*-r*as* a-vec pl*ai*-sir.

28. Qui ne s*ait* p*as* sou-*ffrir,* ne s*ait* p*as* vi-vre.

29. Qui f*ait* mal cr*aint* tou-jours. — 30. Co-*nnais*-toi toi-mê-me.

31. L*es* dia-m*ants ont* leur prix; *mais* un bon con-s*eil* n'a p*as* de pri*x*.

LECTURE COURANTE. [N° 54.]

SENTENCES, MAXIMES ET PROVERBES.

1. Qui veut qu'on par-le bien de lui, ne doit point mal par-ler des au-tres. — 2. Vaut mieux tard que ja-mais.

3. Tu par-les mal des au-tres, tu ne crains donc pas le mal qu'ils di-ront de toi.

4. Par-ler beau-coup n'est pas u-ne mar-que d'es-prit.

5. Ne fais pas toi-mê-me ce qui te dé-plaît dans les au-tres.

6. Soyez mu-et quand vous do-nnez, et par-lez quand on vous do-nne.

7. Le sa-ge en-tend à de-mi-mot. — 8. Qui ne dit mot con-sent.

9. Mets-toi a-vec les bons, et tu se-ras bon.

10. Sou-vent la peur d'un mal vous je-tte dans un pi-re.

11. Ne han-te pas les mé-chants; bois, man-ge et dors a-vec les bons.

12. On a sou-vent be-soin d'un plus pe-tit que soi.

13. A-llez moins vi-te, vous au-rez plus tôt fait.

14. Un mé-tier vaut un fonds de te-rre.

15. Est a-ssez ri-che qui ne doit rien. — 16. Fai-tes bien, et lai-ssez di-re.

17. Ne te hâ-te ni de fai-re des a-mis nou-veaux, ni de qui-tter ceux que tu as. — 18. Un bien-fait n'est ja-mais per-du.

19. On se re-pent d'a-voir mal par-lé, ra-re-ment de s'ê-tre tu.

20. A-vant d'a-gir, pen-se à ce que tu vas fai-re.

21. On a-pprend tous les jours quel-que cho-se.

22. Ne cher-che point par la for-ce ce que tu peux a-voir de gré.

23. Le fruit du tra-vail est le plus doux des plai-sirs.

24. Lai-ssez di-re les sots, le sa-voir a son prix.

25. Ne mens pas : on ne croit pas le men-teur, mê-me quand il dit vrai.

26. Il n'y a point de pro-fit sans pei-ne.

27. Il vaut mieux per-dre que de fai-re un gain hon-teux.

28. Dé-fends tou-jours ton a-mi ab-sent.

1. Pour trou-ver le bien, il faut le cher-cher.

2. D'un seul coup ne s'a-bat pas un chê-ne.

3. Tout ce qui re-luit n'est pas or.—4. Jeux de main, jeux de vi-lain.

5. Sans la ver-tu, point de vrai bon[1]-heur.

6. A cha-que oi-seau son nid sem-ble beau.

7. Ne mets pas tous tes œufs dans un pa-nier.

8. Il faut gar-der u-ne po-mme pour la soif.

9. Les to-nneaux vi-des sont ceux qui font le plus de bruit.

10. L'eau qui tom-be gou-tte à gou-tte, fi-nit par ron-ger la pie-rre.

11. Ce n'est pas le tout de cou-rir, il faut par-tir de bo-nne heu-re.

12. Le so-leil luit pour tout le mon-de.

13. Un bon[1] ar-bre por-te de bons fruits et un mau-vais ar-bre por-te de mau-vais fruits.

14. Pe-tit à pe-tit l'oi-seau fait son nid.

15. L'œil du fer-mier vaut du fu-mier.

16. Il n'y a point de sot mé-tier, il n'y a que de so-ttes gens.

17. Il faut ca-sser la noix pour man-ger le noyau.

18. Il ne faut qu'a-voir du miel, les mou-ches vie-nnent bien-tôt.

19. Il est bon d'a-voir deux cor-des à son arc.

20. Nul ne sait où le sou-lier ble-sse, co-mme ce-lui qui le por-te.

21. Il n'est si bon che-val qui ne bron-che.

22. Il n'y a si pe-tit bui-sson qui ne por-te om-bre.

23. A-près la plui-e, vient le beau temps.

24. Il ne faut pas crain-dre de do-nner un œuf pour a-voir un bœuf.

25. Quand le puits est à sec, on co-nnaît le prix de l'eau.

26. A che-min ba-ttu, il ne croît point d'her-be.

27. On ne lai-sse pas de se-mer, quoi-qu'on crai-gne les pi-geons.

SENTENCES, MAXIMES ET PROVERBES.

1. Fais ce que tu dois, a-rri-ve ce qui pou-rra.

2. Ceux qui se re-ssem-blent s'a-ssem-blent.

3. Il y a re-mè-de à tout, hors à la mort.

4. On ne s'a-vi-se ja-mais de tout. — **5.** Con-sul-te-toi a-vant d'a-gir.

6. Mieux vaut dou-ceur que vi-o-len-ce.

7. Se-lon ta bour-se, gou-ver-ne ta bou-che.

8. É-vi-te de fai-re ce qui ex-ci-te l'en-vi-e.

9. Les jours se sui-vent, mais ils ne se re-ssem-blent pas.

10. A qui veut mal, mal a-rri-ve. — **11.** Tou-te pei-ne mé-ri-te sa-lai-re.

12. Il faut fai-re con-tre for-tu-ne bon cœur.

13. L'ho-mme pro-po-se, Dieu dis-po-se.

14. Tous les vrais plai-sirs de l'ho-mme sont à sa por-té-e.

15. La peur con-se-ille tou-jours très-mal.

16. Quand le sa-ge ou-vre la bou-che, a-ppro-che ton o-re-ille.

17. Bien mal a-cquis ne pro-fi-te ja-mais.

18. Le temps per-du ne se re-trou-ve ja-mais.

19. Ce n'est pas tout de pro-me-ttre, il faut te-nir.

20. L'e-xem-ple tou-che plus que la pa-ro-le.

21. Il faut vain-cre l'en-vi-e par la ver-tu.

22. Si ton frè-re t'o-ffen-se, re-prends-le : s'il se re-pent, par-do-nne-lui.

23. N'é-ve-ille pas le chat qui dort.

24. Il ne faut pas me-ttre la cha-rru-e de-vant les bœufs.

25. On ne doit pas brû-ler la chan-de-lle par les deux bouts.

26. On me-su-re les au-tres à son au-ne.

27. Pe-ti-te plui-e a-bat grand vent. — **28.** De bon vin, bon vi-nai-gre.

29. Bre-bis ga-leu-se gâ-te tout un trou-peau.

30. Il ne faut pas que les pe-tits ba-teaux s'é-loi-gnent du ri-va-ge.

31. Ja-mais bon chien n'a-boie à faux.

32. L'a-be-ille ne fe-rait pas tant de miel si e-lle é-tait seu-le.

33. Beau-coup de pe-tits coups a-ba-ttent de grands chê-nes.

34. Ce n'est pas a-vec du vi-nai-gre que l'on a-ttra-pe des mou-ches.

35. Les pe-tits rui-sseaux font les gran-des ri-viè-res.

36. Ne re-mets pas à de-main le bien que tu peux fai-re au-jour-d'hui.

37. Les cor-nes sont la dé-fen-se du tau-reau, l'ai-gui-llon ce-lle de l'a-bei-lle, la rai-son ce-lle de l'ho-mme.

38. De deux maux il faut é-vi-ter le pi-re.

LECTURE COURANTE.

[N° 57.]

SENTENCES, MAXIMES ET PROVERBES.

1. Qui paie ses de-ttes s'en-ri-chit.

2. Ne cher-che pas l'a-mi qui te loue, mais ce-lui qui t'a-ver-tit de tes fau-tes. — 3. Sois in-dul-gent pour ton a-mi.

4. S'a-rrê-ter dans le mal est u-ne sor-te de re-tour à la ver-tu.

5. Cha-cun est l'ar-ti-san de sa for-tu-ne.

6. Si vous n'é-cou-tez pas la rai-son, e-lle ne man-que-ra pas de se fai-re sen-tir. — 7. Qui bien fe-ra, bien trou-ve-ra.

8. Il ne faut ja-mais qui-tter le cer-tain pour l'in-cer-tain.

9. Il faut vou-loir ce qu'on ne peut em-pê-cher.

10. Ne vous con-ten-tez pas de lou-er les gens de bien, i-mi-tez-les.

11. Qui s'a-ttend au ha-sard n'est pas trop a-ssu-ré de di-ner.

12. Ce qui est di-ffé-ré n'est pas per-du.

13. A l'œu-vre on re-co-nnaît l'ou-vri-er.

14. Le temps est un grand mé-de-cin.

15. Un bien-fait re-pro-ché n'est pour rien com-pté.

16. Crains Dieu; ho-no-re tes pa-rents; ché-ris tes a-mis; o-bé-is aux lois.

17. Cor-do-nnier, mê-lez-vous de vos sou-liers.

18. Il n'est bon cha-rre-tier qui ne ver-se.

19. Fau-te d'un clou, le che-val perd son fer; fau-te d'un fer, on perd le che-val; et fau-te d'un che-val, le ca-va-lier est per-du.

20. Quand on s'est four-voy-é, plus on a-van-ce, plus on s'é-ga-re.

21. A for-ger, on de-vient for-ge-ron.

22. Pour mau-vais ou-vri-ers, il n'est pas de bons ou-tils.

23. Chat é-chau-dé craint l'eau froi-de.

24. Cho-se bien co-mmen-cé-e est à moi-tié fai-te.

25. Il n'y a pas de ma-la-die plus dan-ge-reu-se que le man-que de bon sens. — 26. L'ha-bi-tu-de est u-ne se-con-de na-tu-re.

27. A-bon-dan-ce de bien ne nuit pas.

28. A l'im-po-ssi-ble nul n'est te-nu.

29. Bo-nne re-no-mmée vaut mieux que cein-tu-re do-ré-e.

30. On n'a ja-mais bon mar-ché de mau-vai-se mar-chan-di-se.

31. Il ne faut qu'u-ne é-tin-ce-lle pour a-llu-mer un grand in-cen-die.

32. Là où la chè-vre est a-tta-ché-e, il faut qu'e-lle brou-te.

33. En tou-te cho-se, il faut con-si-dé-rer la fin.

34. Con-ten-te-ment pa-sse ri-che-sse.

35. Oi-si-ve-té, mè-re de tous les vi-ces.

LECTURE COURANTE. [N° 58.]

PROVERBES ET SENTENCES DU BONHOMME RICHARD.

Indolence et Oisiveté.

1. DIEU dit à l'ho-mme : Ai-de-toi, je t'ai-de-rai.

2. L'oi-si-ve-té a-mè-ne l'en-nui a-vec e-lle.

3. L'oi-si-ve-té re-ssem-ble à la rou-ille; e-lle u-se beau-coup plus que le tra-vail : la clef dont on se sert est tou-jours clai-re.

4. Le pa-re-sseux est tou-jours pau-vre.

5. Si le temps est le plus pré-ci-eux des biens, la per-te du temps doit ê-tre au-ssi la plus gran-de des per-tes. — **6.** La faim re-gar-de la por-te de l'ho-mme la-bo-ri-eux, mais n'y en-tre pas.

7. Mo-ye-nnant l'ac-ti-vi-té, on fait beau-coup a-vec peu de pei-ne.

8. L'oi-si-ve-té rend tout di-ffi-ci-le; l'in-du-strie rend tout ai-sé.

9. La pa-re-sse va si len-te-ment, que la pau-vre-té l'a-tteint tout d'un coup. — **10.** Se cou-cher de bo-nne heu-re et se le-ver ma-tin sont les deux me-illeurs moyens[1] de con-ser-ver sa san-té et sa for-tu-ne.

11. Le pa-re-sseux qui vit d'es-pé-ran-ce court ris-que de mou-rir de faim.

12. L'in-du-stri-e paie les de-ttes, et le dé-cou-ra-ge-ment les aug-men-te.

13. Tou-te pro-fe-ssion ho-nnê-te ré-u-nit l'ho-nneur et le pro-fit.

14. La vi-gi-lan-ce est la mè-re de la pro-spé-ri-té.

15. Dieu ne re-fu-se rien à l'in-du-stri-e.

16. La-bou-rez pen-dant que le pa-re-sseux dort; vous au-rez du blé à ven-dre et à gar-der. — **17.** A-vez-vous quel-que cho-se à fai-re pour de-main? fai-tes-le au-jour-d'hui.

18. Me-ttez-vous tou-jours gaie-ment à l'ou-vra-ge; en-dur-ci-ssez vos mains à ma-nier les ou-tils, et sou-ve-nez-vous qu'un chat en mi-tai-nes ne prend pas de sou-ris. — **19.** La bo-nne fe-mme qui fi-le beau-coup et bien ne man-que ja-mais de che-mi-ses.

20. Il faut voir ses a-ffai-res avec ses pro-pres yeux, et ne pas trop se con-fier aux au-tres. — **21.** L'ho-mme in-du-stri-eux ne meurt ja-mais de faim.

Persévérance et Exactitude.

22. L'ar-bre qu'on chan-ge sou-vent de pla-ce, et la fa-mi-lle qui dé-mé-na-ge sou-vent, ne pro-spè-rent ja-mais.

23. Trois dé-mé-na-ge-ments font au-tant de tort qu'un in-cen-di-e.

24. Gar-dez vo-tre bou-ti-que, et vo-tre bou-ti-que vous gar-de-ra.

25. Si vous vou-lez fai-re vo-tre a-ffai-re, a-llez-y vous-mê-me; si vous vou-lez qu'e-lle ne soit pas faite, en-voyez[1]-y.

26. A-vec de la per-sé-vé-ran-ce on vient à bout de tout. — **27.** Le trop de con-fian-ce dans les au-tres rui-ne les a-ffai-res de bien des gens.

LECTURE COURANTE.

PROVERBES ET SENTENCES DU BONHOMME RICHARD. (*Suite.*)

Prévoyance et Sagesse.

1. Soyez[1] en gar-de con-tre les pe-ti-tes dé-pen-ses.
2. Si tu a-chè-tes le su-per-flu, tu ven-dras bien-tôt le né-ce-ssai-re.
3. Le sa-ge s'in-struit par les mal-heurs d'au-trui, et l'in-sen-sé ne pro-fi-te pas mê-me des siens.
4. Il y a des gens qui croient fo-lle-ment que vingt francs et vingt ans ne peu-vent ja-mais fi-nir.
5. A-vant de con-sul-ter vo-tre fan-tai-sie, con-sul-tez vo-tre bour-se.
6. Il est plus ai-sé de ré-pri-mer la pre-miè-re fan-tai-sie que de sa-tis-fai-re tou-tes ce-lles qui vie-nnent en-sui-te.
7. Il est au-ssi fou au pau-vre de vou-loir sin-ger le ri-che, qu'il est fou à la gre-nou-ille de vou-loir s'en-fler pour é-ga-ler le bœuf.
8. Pen-sez-vous bien à ce que vous fai-tes, lors-que vous vous en-de-ttez? Vous do-nnez à un au-tre le droit de vous pour-sui-vre, et sou-vent mê-me de vous mé-pri-ser.
9. N'ou-bli-ez pas, dans vos mal-heurs, que **Job** fut pau-vre, et qu'en-sui-te il re-de-vint heu-reux.

Tempérance et Économie.

10. Si un ho-mme ne sait pas é-par-gner en mê-me temps qu'il ga-gne, il mour-ra sans a-voir un sou, a-près a-voir é-té tou-te sa vi-e co-llé sur son ou-vra-ge.
11. Plus la cui-si-ne est gra-sse, plus le tes-ta-ment est mai-gre.
12. Bien des for-tu-nes se di-ssi-pent en mê-me temps qu'on les ga-gne.
13. Si vous vou-lez ê-tre ri-che, n'a-ppre-nez pas seu-le-ment co-mment on ga-gne; sa-chez au-ssi co-mment on mé-na-ge.
14. Re-non-cez à vos fo-lles dé-pen-ses, et vous au-rez moins à vous plain-dre de la di-se-tte des temps et de la dé-pen-se de vo-tre mé-na-ge.
15. Si vous croyez[1] que quel-ques a-mu-se-ments, de temps en temps, ne peu-vent pas dé-ran-ger vos a-ffai-res, sou-ve-nez-vous qu'un peu, ré-pé-té plu-sieurs fois, fait beau-coup.

MONITEUR.	ÉLÈVE.
1er Procédé. — Indique et lit une phrase, en posant la baguette sur chaque mot, et en appuyant sur chaque syllabe; exemple : SI TU A-CHÉ-TES LE SU-PER-FLU, TU VEN-DRAS BIEN-TÔT LE NÉ-CE-SSAI-RE....	— Les élèves suivent sur le Tableau, ensuite chacun lit à son tour un des mots de la phrase. Le 1er dit : SI; le 2me, TU; le 3me, A-CHÉ-TES; le 4me, LE; le 5me, SU-PER-FLU, etc....
2me Procédé. — Indique la phrase sans énoncer.	— Le 1er répond : SI; le 2me, TU; le 3me, A-CHÉ-TES; le 4me, LE; et ainsi de suite.
Il faut faire en sorte que chaque élève ait à lire une phrase complète.	

Interrogation des Moniteurs. — Aux heures fixées pour l'étude particulière des *Moniteurs,* le Maître interroge, tantôt sur la définition, la distinction ou la signification des mots, tantôt sur le rôle que chaque mot joue dans la phrase, mais sans donner d'explications grammaticales. Exemple, § 1 : *Soyez en garde contre les petites dépenses :* 1° *Qu'entendez-vous par soyez en garde?* 2° *Pour quel motif faut-il être en garde contre les petites dépenses?* 3° *Quelles sont les petites dépenses qu'il faut éviter?*

Les Moniteurs, ainsi que les élèves qui sont admis à cet exercice hors classe, doivent répondre alternativement, et procéder comme au cercle. Le Maître fait les fonctions de Moniteur; il stimule vivement les élèves, jusqu'à ce qu'il obtienne une réponse satisfaisante.

(1) Prononcez *soyez, croyez,* comme s'il y avait *soi-iez croi-iez.* (*Voy.* SEPTIÈME CLASSE.)

1. La-bou-re bien pro-fon-dé-ment, et tu re-cue-ille-ras a-bon-da-mment.
2. C'est a-voir à moi-tié fait, d'a-voir bien co-mmen-cé.
3. Qui ne man-que point de vo-lon-té ne man-que point de loi-sir.
4. A-près jeu-ne-sse oi-si-ve, vie-ille-sse pé-ni-ble.
5. Mau-vai-se a-ccou-tu-man-ce qui-tte bien tard.
6. L'u-ne des deux mains la-ve l'au-tre, et les deux mains la-vent le vi-sa-ge.
7. Ce qui s'a-pprend au ber-ceau ne s'ou-blie ja-mais.
8. Il n'y a point de me-illeur maî-tre que la four-mi pour a-ppren-dre à tra-va-iller.
9. Ou-ïr, voir et se tai-re, est di-ffi-ci-le à fai-re.
10. Il y a deux de-vins a-ssu-rés, l'ex-pé-ri-en-ce et la pru-den-ce.
11. Qui ne fait bien dans sa jeu-ne-sse s'en re-pent dans sa vie-ille-sse.
12. L'en-fant bien a-ppris ne par-le point qu'on ne lui par-le, et ré-pond quand on l'in-te-rro-ge.
13. Qui sar-cle peu moi-sso-nne peu.
14. Beau-coup par-ler et peu sa-voir, beau-coup pré-su-mer et peu va-loir, per-dent l'ho-mme.
15. Qui se con-se-ille seul se re-pent tout seul.
16. Qui en-tre-prend ce qu'il ne peut ren-con-tre ce qu'il ne veut.
17. Ne loue ni ne mé-pri-se ce que tu ne co-nnais pas.
18. Dé-li-bè-re len-te-ment et a-gis prom-pte-ment.
19. Il vaut mieux è-tre seul qu'en mau-vai-se com-pa-gnie.
20. Ne han-te point les mé-chants, de peur d'en a-ccroî-tre le nom-bre.
21. Quand tu trou-ve-ras un fou feins d'a-voir a-ffai-re.
22. É-cou-te a-vant de par-ler.
23. Pen-se pre-miè-re-ment, et puis fais.
24. Bo-nne pa-ro-le coû-te peu et vaut beau-coup.
25. Trop gran-de fa-mi-li-à-ri-té en-gen-dre le mé-pris.
26. Mets la main à ta con-sci-en-ce, et tu te tai-ras sur ce-lle d'au-trui.
27. Le pau-vre n'est pas ce-lui qui a peu, mais ce-lui qui dé-si-re beau-coup.
28. Le sou-ffle a-llu-me le char-bon, et u-ne mau-vai-se pa-ro-le en-fla-mme la co-lè-re.
39. Un sin-ge ha-bi-llé de soie est tou-jours un sin-ge.

<table>
<tr><td>MONITEUR.</td><td>ÉLÈVE.</td></tr>
</table>

1er PROCÉDÉ. — Indique et lit une phrase, en posant la baguette sur chaque mot, et appuyant sur chaque syllabe; exemple : DÉ-LI-BÈ-RE LEN-TE-MENT, ET A-GIS PROM-PTE-MENT....

2me PROCÉDÉ. — Indique la phrase sans énoncer....

Il faut faire en sorte que chaque élève ait à lire une phrase complète.

— Les élèves suivent sur le Tableau; ensuite chacun lit à son tour un des mots de la phrase. Le 1er dit : DÉ-LI-BÉ-RE; le 2me, LEN-TE-MENT; le 3me, ET; le 4me, A-GIS; le 5me, PROM-PTE-MENT....
— Le 1er répond : DÉ-LI-BÈ-RE; le 2me, LEN-TE-MENT; le 3me, ET; le 4me, A-GIS, et ainsi de suite.

INTERROGATION DES MONITEURS. — Aux heures fixées pour l'étude particulière des *Moniteurs*, le Maître interroge, tantôt sur la définition, la distinction ou la signification des mots, tantôt sur le rôle que chaque mot joue dans la phrase, mais sans donner d'explications grammaticales. Exemple, § 13 : *Qui sarcle peu moissonne peu.* 1° *Que faut-il faire pour moissonner beaucoup?* 2° *Qu'entendez-vous par sarcler un champ?* 3° *Pourquoi faut-il beaucoup sarcler?* etc.

Les Moniteurs, ainsi que les élèves qui sont admis à cet exercice hors classe, doivent répondre alternativement, et procéder comme au cercle. Le Maître fait les fonctions de Moniteur; il stimule vivement les élèves, jusqu'à ce qu'il obtienne une réponse satisfaisante.

SENTENCES, ET PROVERBES ITALIENS ET ESPAGNOLS,

Choisis par MM. de Port-Royal. (Suite.)

1. Le men-son-ge et l'im-po-stu-re ont beau se dé-gui-ser, ils sont tou-jours vain-cus.

2. L'ex-pé-ri-en-ce est la mè-re de la sci-en-ce.

3. La ma-li-ce peut bien ob-scur-cir la vé-ri-té, mais e-lle ne peut pas l'é-tein-dre.

4. Qui sè-me des char-dons re-cue-ille des é-pi-nes.

5. La vé-ri-té, co-mme l'hui-le, s'é-lè-ve au-de-ssus de tout.

6. La sci-en-ce n'est qu'un mot si le bon sens ne la gui-de.

7. Il vaut mieux rou-gir de-vant les ho-mmes, que de ble-sser sa con-sci-en-ce de-vant Dieu.

8. Qui n'ai-me que soi n'est ai-mé de per-so-nne.

9. Ne re-gar-de pas à l'ac-tion, mais à la vo-lon-té de ce-lui qui la fait.

10. Il vaut mieux a-voir moins de sci-en-ce et plus de con-sci-en-ce.

11. Qui a-ban-do-nne les siens est a-ban-do-nné de Dieu.

12. Qui do-nne prom-pte-ment do-nne dou-ble-ment.

13. Qui ne res-pec-te per-so-nne n'est ja-mais res-pec-té.

14. En-tre les ho-nnè-tes gens u-ne pa-ro-le vaut un con-trat.

15. Il est d'un grand cœur d'en-du-rer, et d'un grand sens d'é-cou-ter.

16. Qui lai-sse un grand che-min pour un che-min dé-tour-né s'é-ga-re au lieu d'a-van-cer.

17. L'a-dre-sse peut ce que la for-ce ne peut.

18. Qui a-chè-te ce qu'il ne peut vend en-sui-te ce qu'il ne veut.

19. La pa-tien-ce est a-mè-re, mais e-lle a des fruits doux.

20. Qui lai-sse la rou-te an-cie-nne pour la nou-ve-lle, se trou-ve sou-vent trom-pé. — 21. Il n'y a point de ro-ses sans é-pi-nes : il n'y a point de plai-sir sans pei-ne.

22. La vi-gi-lan-ce et la bo-nne in-struc-tion, d'un mau-vais en-fant en font un bon.

23. Sci-en-ce s'ac-quiert a-vec pa-tien-ce.

24. Le re-mè-de con-tre le mé-chant est de le fuir le plus loin qu'on peut.

25. Ne con-si-dè-re et n'i-mi-te, dans les au-tres, que ce qu'il y a de bon, et lai-sse ce qui est mau-vais.

26. Par-le peu, écou-te beau-coup, et tu ne fe-ras point de fau-te.

27. A fo-lles pa-ro-les, o-re-illes sour-des.

28. Qui cha-sse deux liè-vres, en perd un et lai-sse é-cha-pper l'au-tre.

<table>
<tr><td>

MONITEUR.

1ᵉʳ Procédé. — Indique et prononce une phrase, en posant la baguette sur chaque mot, et en appuyant sur chaque syllabe ; exemple : L'EX-PÉ-RI-EN-CE EST LA MÉ-RE DE LA SCI-EN-CE....

2ᵐᵉ Procédé. — Indique la phrase sans énoncer....

N. B. Il faut faire en sorte que chaque élève ait à lire une phrase complète.

</td><td>

ÉLÈVE.

— Les élèves suivent sur le Tableau, ensuite chacun lit à son tour un des mots de la phrase. Le 1ᵉʳ dit : L'EX-PÉ-RI-EN-CE; le 2ᵐᵉ, EST; le 3ᵐᵉ, LA; le 4ᵐᵉ, MÉ-RE; le 5ᵐᵉ, DE; le 6ᵐᵉ, LA, et ainsi de suite.
— Le 1ᵉʳ répond : L'EX-PÉ-RI-EN-CE; le 2ᵐᵉ, EST; le 3ᵐᵉ, LA, etc., comme ci-dessus ; le dernier lit la phrase entière de suite.

</td></tr>
</table>

INTERROGATION DES MONITEURS. — Aux heures fixées pour l'étude particulière des *Moniteurs*, le Maître interroge, tantôt sur la définition, la distinction ou la signification des mots, tantôt sur le rôle que chaque mot joue dans la phrase, mais sans donner d'explications grammaticales. Exemple, § 21 : *Il n'y a point de roses sans épines...* 1° *Quel est le sens moral de cette phrase?* 2° *Croyez-vous que cette maxime soit sans exception?* 3° *Quelle est la conséquence qui en découle?* et ainsi de suite.

Les Moniteurs, ainsi que les élèves qui sont admis à cet exercice hors classe, doivent répondre alternativement, et procéder comme au cercle. Le Maître fait les fonctions de Moniteur; il stimule vivement les élèves, jusqu'à ce qu'il obtienne une réponse satisfaisante.

LECTURE COURANTE.

SENTENCES DES ANCIENS SAGES,

Choisies par FÉNELON *et autres.*

1. Dieu voit tou-tes nos ac-tions; nos pen-sé-es mê-me les plus se-crè-tes ne lui sont pas in-co-nnu-es.

2. Il ne faut ja-mais s'in-gé-rer de co-mman-der, sans a-voir a-ppris à o-bé-ir. — **3.** A-ppli-quez-vous tou-jours à bien fai-re ce que vous fai-tes dans le mo-ment.

4. Ne vous van-tez ja-mais; car, si, par mal-heur, vous ne pou-viez ve-nir à bout de vo-tre en-tre-pri-se, on se mo-que-rait de vous.

5. Ne vous pre-ssez pas de par-ler; c'est u-ne mar-que de fo-li-e.

6. Ne man-quez ja-mais de te-nir ex-ac-te-ment ce que vous a-vez pro-mis.

7. Il vaut mieux per-dre que de fai-re un gain in-jus-te et mal-ho-nnê-te.

8. Il ne faut point sou-hai-ter des cho-ses qui sont trop au-de-ssus de nous.

9. Il n'y a rien de si co-mmun dans le mon-de que l'i-gno-ran-ce et les grands par-leurs. — **10.** Il est bon de se di-re tous les jours à soi-mê-me : A quoi as-tu em-ployé[1] la jour-né-e? Où as-tu été? Qu'as-tu fait à pro-pos? Qu'as-tu fait à con-tre-temps.

11. Il faut ê-tre plus prompt à a-pai-ser un re-ssen-ti-ment qu'à é-tein-dre un in-cen-die; car les sui-tes de l'un sont in-fi-ni-ment plus dan-ge-reu-ses que les sui-tes de l'au-tre.

12. Pen-se à ce que tu dis, et ne per-mets pas à ta lan-gue de cou-rir au-de-vant de ta pen-sé-e.

13. On perd le fruit de ses bo-nnes ac-tions quand on les van-te soi-mê-me.

14. On est ca-pa-ble de tout quand on sait pren-dre des con-seils; mais on est bien peu de cho-se quand on croit se su-ffi-re à soi-mê-me.

15. Il n'est pas di-ffi-cile de blâ-mer les dé-fauts des au-tres : la di-ffi-cul-té est de se co-rri-ger des siens.

16. Ce-lui qui pro-met lé-gè-re-ment est sou-vent o-bli-gé de man-quer à sa pa-ro-le, et se rend in-di-gne de tou-te con-fi-an-ce.

17. Pré-fè-re la pau-vre-té ho-nnê-te à l'a-bon-dan-ce des mé-chants.

18. Quand un mot est u-ne fois é-cha-ppé, un char a-tte-lé de qua-tre che-vaux ne pou-rrait l'a-ttein-dre.

19. Les dé-fauts des au-tres vous fra-ppent : fai-tes en-co-re plus d'a-tten-tion à leurs bo-nnes qua-li-tés.

20. Beau-coup ré-flé-chir et par-ler peu, c'est le se-cret de beau-coup a-ppren-dre. — **21.** Je n'ai ja-mais vu que la fi-ne-sse ait pu te-nir long-temps con-tre la sin-cé-ri-té.

MONITEUR.

1er PROCÉDÉ. — Indique et lit une phrase, en posant la baguette sur chaque mot, et en appuyant sur chaque syllabe; exemple : DIEU VOIT TOU-TES NOS AC-TIONS...

2me PROCÉDÉ. — Indique la phrase sans énoncer.

Il faut faire en sorte que chaque élève ait à lire une phrase complète.

ÉLÈVE.

— Les élèves suivent sur le Tableau, ensuite chacun lit à son tour un des mots de la phrase. Le 1er dit : DIEU; le 2me, VOIT; le 3me, TOU-TES; le 4me, NOS; le 5me, AC-TIONS....

— Le 1er répond : DIEU; le 2me, VOIT; le 3me, TOU-TES; le 4me, NOS; et ainsi de suite.

INTERROGATION DES MONITEURS. — Aux heures fixées pour l'étude particulière des *Moniteurs*, le Maître interroge, tantôt sur la définition, la distinction ou la signification des mots, tantôt sur le rôle que chaque mot joue dans la phrase, mais sans donner d'explications grammaticales. Exemple, § 13 : *On perd le fruit de ses bonnes actions quand on les vante soi-même :* 1° *Comment appelez-vous le défaut de celui qui se vante?* 2° *Quelle est la vertu opposée à l'orgueil?* 3° *Pourquoi l'enfant modeste est-il préféré à l'enfant orgueilleux?* 4° *Pourquoi l'orgueilleux perd-il le fruit de ses bonnes actions?*

Les Moniteurs, ainsi que les élèves qui sont admis à cet exercice hors classe, doivent répondre alternativement, et procéder comme au cercle. Le Maître fait les fonctions de Moniteur; il stimule vivement les élèves, jusqu'à ce qu'il obtienne une réponse satisfaisante. — (1) Lisez comme s'il y avait *emploi-ié.* (*Voy.* SEPTIÈME CLASSE.)

LECTURE COURANTE.

[N° 65.]

SENTENCES DES ANCIENS SAGES,

Choisies par FÉNELON *et autres.* (*Suite.*)

1. Tou-tes les ver-tus sont com-pri-ses dans la ju-sti-ce : si tu es ju-ste, tu es ho-mme de bien.

2. Le si-len-ce est pour le grand par-leur un su-ppli-ce cru-el; le ba-bil-lard i-gno-rant est, pour ceux qui l'é-cou-tent, un pe-sant far-deau.

3. Me-su-re tou-jours tes for-ces, et crains d'en-tre-pren-dre fo-lle-ment ce que tu es in-ca-pa-ble de bien ex-é-cu-ter.

4. Ce-lui qui vo-le et ce-lui qui re-cè-le sont cou-pa-bles du mê-me cri-me.

5. U-ne trop gran-de co-lè-re de-vient fu-reur.

6. De la pro-spé-ri-té, tu es tom-bé dans le mal-heur : ne te dé-fie pas de la Pro-vi-den-ce; du mal-heur, peut-ê-tre, e-lle va t'é-le-ver à la pro-spé-ri-té. — **7.** Quand on est d'un ca-ra-ctè-re ai-ma-ble et doux, on fait le bon-heur de tous ceux dont on est co-nnu.

8. Il n'a-ppar-tient qu'à l'ar-tis-te de pro-non-cer sur l'art; l'i-gno-rant n'a pas le droit de le fai-re.

9. Vi-vre a-vec des cri-mi-nels, c'est s'ex-po-ser à mou-rir a-vec eux.

10. Re-mets dans son che-min le vo-ya-geur qui s'é-ga-re.

11. Cou-pe le mal dans sa ra-ci-ne; gué-ris la plaie a-vant qu'e-lle soit en-ve-ni-mé-e. — **12.** On mé-pri-se l'ho-mme in-sen-sé qui né-gli-ge son champ et veut la-bou-rer ce-lui de son voi-sin.

13. N'as-tu pas a-ppris de mé-tier? Va donc bê-cher la te-rre. Do-nne-toi de la pei-ne, tu ne man-que-ras pas de tra-vaux : les cam-pa-gnes sont a-ssez va-stes. — **14.** On veut tou-jours a-voir plus qu'on ne po-ssè-de. — **15.** Sois con-tent de ce que tu po-ssè-des, et n'en-vie ja-mais ce qui ne t'a-ppar-tient pas.

16. Sers de gui-de à l'a-veu-gle, et pré-sen-te ta main à ce-lui qui tom-be.

17. Ne tra-ver-se pas le champ de ton voi-sin, et ne cue-ille pas dans la cam-pa-gne le fruit qui n'est pas en-co-re mûr.

18. Res-pec-te le che-veux blancs, cè-de la pla-ce à la vie-ille-sse, et ne lui di-spu-te ja-mais les é-gards qui lui sont dus.

19. Con-sul-te-toi bien a-vant d'a-gir; crains, par trop de pré-ci-pi-ta-tion, d'a-voir à rou-gir de ta fo-lie.

20. Ne fais rien de hon-teux en pré-sen-ce des au-tres, ni dans le se-cret.

21. Que ta pre-miè-re loi soit de te res-pec-ter toi-mê-me.

22. Gar-de-toi d'en-tre-pren-dre ce que tu ne sais pas fai-re, et co-mmen-ce par t'in-strui-re de ce que tu dois sa-voir.

MONITEUR.

1ᵉʳ PROCÉDÉ. — Indique et lit une phrase, en posant la baguette sur chaque mot, et appuyant sur chaque syllabe; exemple ,
§ 1 : TOU-TES LES VER-TUS SONT COM-PRI-SES DANS LA JUS-TI-CE....

2ᵐᵉ PROCÉDÉ. — Indique la phrase sans énoncer....

Il faut faire en sorte que chaque élève ait à lire une phrase complète.

ÉLÈVE.

— Les élèves suivent sur le Tableau, ensuite chacun lit à son tour un des mots de la phrase. Le 1ᵉʳ dit : TOU-TES; le 2ᵐᵉ, LES; le 3ᵐᵉ, VER-TUS; le 4ᵐᵉ, SONT; le 5ᵐᵉ, COM-PRI-SES...

— Le 1ᵉʳ répond : TOU-TES; le 2ᵐᵉ, LES; le 3ᵐᵉ, VER-TUS; le 4ᵐᵉ, SONT, et ainsi de suite.

INTERROGATION DES MONITEURS. — Aux heures fixées pour l'étude particulière des *Moniteurs*, le Maître interroge, tantôt sur la définition, la distinction et la signification des mots, tantôt sur le rôle que chaque mot joue dans la phrase, mais sans donner d'explications grammaticales. Exemple, § 11 : *Coupe le mal dans sa racine...* 1° *Qu'entendez-vous par couper le mal?* 2° *Qu'entendez-vous par la racine du mal?* 3° *Exprimez cette maxime en d'autres termes équivalents?* 4° *Pourquoi faut-il arrêter le mal dans le commencement?*

Les Moniteurs, ainsi que les élèves qui sont admis à cet exercice hors classe, doivent répondre alternativement, et procéder comme au cercle. Le Maître fait les fonctions de Moniteur; il stimule vivement les élèves, jusqu'à ce qu'il obtienne une réponse satisfaisante.

MAXIMES TIRÉES DE L'ANCIEN TESTAMENT.

Proverbes de SALOMON.

1. La crainte du Seigneur est le principe de la sagesse, et les insensés méprisent la sagesse et les instructions. — **2.** Celui qui observe la discipline est dans le chemin de la vie; au lieu que celui qui ne profite point des réprimandes qu'on lui fait, s'égare.

3. Mon fils, si les méchants tâchent de vous attirer, ne vous laissez pas gagner par eux : s'ils vous disent : venez avec nous et entrez en société avec nous, n'allez pas avec eux; empêchez votre pied de marcher dans leurs sentiers. — **4.** N'empêchez pas de bien faire celui qui le peut; faites bien vous-même, si vous le pouvez.

5. Jusqu'à quand dormirez-vous, ô paresseux? Quand vous réveillerez-vous de votre sommeil? Si vous êtes diligent, votre moisson sera comme une source abondante, et l'indigence fuira loin de vous.

6. Un enfant qui est sage est la joie de son père; l'enfant insensé est la tristesse de sa mère. — **7.** La balance trompeuse est en abomination devant le Seigneur; le poids juste est selon sa volonté.

8. La haine excite les querelles, et la charité couvre toutes les fautes.

9. Où sera l'orgueil, là sera la confusion, et où est l'humilité, là est la sagesse. — **10.** Le Seigneur a en abomination le cœur corrompu, et il aime ceux qui sont simples. — **11.** Celui qui aime à être repris aime la science; mais celui qui hait les réprimandes est insensé.

12. Les uns donnent de leur propre bien, et ils en deviennent plus riches; les autres ravissent le bien d'autrui, et sont toujours pauvres.

13. Celui qui cultive sa terre sera rassasié de pain; mais celui qui n'aime point à travailler est très-insensé. — **14.** Celui qui fréquente des personnes sages, deviendra sage; l'ami des insensés leur ressemblera.

15. Les lèvres menteuses sont en abomination au Seigneur; celles, au contraire, qui sont sincères lui sont agréables.

16. Le trompeur ne jouira point du gain qu'il cherche; les richesses de l'homme juste seront précieuses comme l'or.

17. Le fils qui est sage est attentif à la doctrine de son père; mais celui qui est insensé se moque et n'écoute point quand on le reprend.

18. Celui qui ne peut point souffrir la correction tombera dans l'ignorance et dans l'ignominie; mais celui qui reçoit avec joie les réprimandes qu'on lui fait sera élevé en gloire.

19. Le mal poursuit les méchants; les biens seront la récompense du juste. — **20.** Où l'on travaille beaucoup, là est l'abondance; mais où l'on parle beaucoup, l'indigence se trouve souvent.

(1) Dans cette 3ᵐᵉ *partie*, nᵒˢ 64 à 83, on ne donne plus l'indication des divisions de syllabes ni des procédés; il n'y a plus que l'interrogation des Moniteurs. Chaque élève lit à son tour un paragraphe entier indiqué par le Moniteur; celui-ci veille à ce que le lecteur fasse une courte pause après les points et les virgules, et fasse sentir les liaisons des mots. (*Voy.* SEPTIÈME CLASSE.)

INTERROGATION DES MONITEURS. — Aux heures fixées pour l'étude particulière des Moniteurs, le Maître interroge, tantôt sur la définition, la distinction et la signification des mots, tantôt sur le rôle que chaque mot joue dans la phrase, mais sans donner d'explications grammaticales. Exemple, § 17 : *Le fils qui est sage est attentif à la doctrine de son père.... 1° Qu'entendez-vous par ces mots* : La doctrine de son père? *2° Que faut-il faire pour être attentif aux leçons d'un père ou d'un maître? 3° Suffit-il, pour être sage, d'être attentif aux leçons ou aux conseils que l'on reçoit d'un supérieur? 4° Quels sont les avantages que l'enfant retire de sa docilité?*

Les Moniteurs, ainsi que les élèves qui sont admis à cet exercice hors classe, doivent répondre alternativement, et procéder comme au cercle. Le Maître fait les fonctions de Moniteur; il stimule vivement les élèves, jusqu'à ce qu'il obtienne une réponse satisfaisante.

MAXIMES TIRÉES DE L'ANCIEN TESTAMENT.
Proverbes de SALOMON. (*Suite.*)

1. Une réponse douce et honnête apaise la colère; une réponse dure excite la fureur.—**2.** L'insensé se moque de la correction de son père; mais celui qui se rend au châtiment en deviendra plus sage.

3. L'enfant sage est la joie de son père, et l'insensé méprise sa mère.

4. Peu de bien avec la justice vaut mieux que de grands biens avec l'iniquité.—**5.** Un peu de pain sec avec de la joie vaut mieux qu'une maison pleine de viande avec des querelles.

6. Une réprimande sert plus à un homme prudent que cent coups à un extravagant.—**7.** Celui qui est mou et lâche dans son ouvrage est semblable à celui qui dissipe et détruit ce qu'il a fait.

8. Celui qui répond avant que d'écouter fait voir qu'il est insensé.

9. La paresse produit l'assoupissement; et l'âme lâche languira de faim.

10. Écoutez les conseils qu'on vous donne, et recevez les instructions, afin que vous soyez sage à la fin de votre vie.

11. Ne cessez point, mon fils, d'écouter ce qu'on vous enseigne.

12. Il y a de l'honneur à éviter les contestations; mais tous les imprudents entrent et s'embarrassent dans les querelles.

13. Le paresseux n'a pas voulu labourer à cause du froid; il mendiera donc pendant l'été, et on ne lui donnera rien.

14. Les pensées d'un homme fort et laborieux produisent toujours l'abondance; mais tout paresseux est toujours pauvre.

15. Le jeune homme qui suit la bonne voie ne la quittera point, même lorsqu'il sera vieux.—**16.** Le vent de bise dissipe la pluie, et le visage triste arrête la langue médisante.

17. Ne soyez point l'ami de l'homme colère, et n'ayez point commerce avec l'homme emporté, de peur que vous n'appreniez à faire ce qu'il fait.—**18.** Lorsque votre ennemi sera tombé, ne vous en réjouissez point, de peur que cela ne déplaise au Seigneur.

19. Ne dites point : J'en userai envers cet homme-là comme il en a usé envers moi; je rendrai à chacun selon ses œuvres.

20. Ne répondez point au fou selon sa folie, de peur que vous ne lui deveniez semblable.—**21.** Celui qui se mêle dans une querelle qui ne le regarde point, est comme celui qui prend un chien par les oreilles, et se met en danger d'en être mordu.

22. Celui qui creuse une fosse pour y faire tomber les autres tombera dedans, et la pierre retournera contre celui qui l'aura roulée.

23. Qu'un autre vous loue, et non votre bouche; que ce soit un étranger, et non vos propres lèvres.

N. B. Chaque élève lit à son tour un paragraphe entier, indiqué par le Moniteur; celui-ci veille à ce que le lecteur fasse une courte pause après les points et les virgules, et fasse sentir les liaisons.

INTERROGATION DES MONITEURS.—Aux heures fixées pour l'étude particulière des *Moniteurs*, le Maître interroge, tantôt sur la définition, la distinction ou la signification des mots, tantôt sur le rôle que chaque mot joue dans la phrase, mais sans donner d'explications grammaticales. Exemple, § 8 : *Celui qui répond avant que d'écouter fait voir qu'il est insensé.*.... 1° *Doit-on interrompre la personne qui parle ?* 2° *Que résulte-t-il de l'interruption ?* 3° *Ne faudrait-il pas deviner ce qu'on va dire pour répondre juste avant d'avoir écouté ?* 4° *Faut-il toujours attendre que celui qui parle ait fini ?*

Les Moniteurs, ainsi que les élèves qui sont admis à cet exercice hors classe, doivent répondre alternativement, et procéder comme au cercle. Le Maître fait les fonctions de Moniteur; il stimule vivement les élèves, jusqu'à ce qu'il obtienne une réponse satisfaisante.

MAXIMES TIRÉES DE L'ANCIEN TESTAMENT.

Livre de TOBIE.

1. Ne souffrez jamais que l'orgueil domine ou dans vos pensées, ou dans vos actions ; car c'est l'orgueil qui a été le commencement du malheur et de la perte de tout le monde.

2. Prenez garde de ne faire jamais aux autres ce que vous seriez fâché qu'on vous fît.

3. Gardez-vous bien de manger et de boire avec des gens de mauvaise vie.

4. Demandez toujours conseil à un homme sage.

5. Ne craignez point, mon fils : il est vrai que nous sommes pauvres ; mais nous aurons beaucoup de bien, si nous craignons Dieu, si nous nous éloignons de tout péché, et si nous faisons de bonnes actions.

*Maximes de l'*ECCLÉSIASTIQUE.

6. Écoutez avec douceur ce qu'on vous dit, afin de le comprendre et de donner une réponse sage et juste.

7. Ne louez personne pour sa bonne mine, et ne méprisez point un homme parce qu'il n'a pas un extérieur avantageux.

8. Ne répondez point avant d'avoir écouté, et n'interrompez point une personne au milieu de son discours.

9. Quiconque néglige les petites fautes, tombera peu à peu dans de grandes.

10. Le mensonge est dans l'homme une tache honteuse ; ce vice est toujours dans la bouche des gens déréglés.

11. Les menteurs sont sans honneur, et la confusion les suit partout.

12. Comment trouverez-vous dans votre vieillesse ce que vous n'aurez point amassé dans votre jeunesse ?

13. Pardonnez à votre prochain le mal qu'il vous a fait, et vos péchés vous seront remis, quand vous en demanderez pardon.

14. Bouchez vos oreilles avec soin, et n'écoutez point les méchantes langues.

15. La tempérance dans le boire est la santé de l'âme et du corps.

N. B. Chaque élève lit à son tour un paragraphe entier, indiqué par le Moniteur ; celui-ci veille à ce que le lecteur fasse une courte pause après les points et les virgules, et fasse sentir les liaisons des mots.

INTERROGATION DES MONITEURS.—Aux heures fixées pour l'étude particulière des *Moniteurs*, le Maître interroge, tantôt sur la définition, la distinction ou la signification des mots, tantôt sur le rôle que chaque mot joue dans la phrase, mais sans donner d'explications grammaticales. Exemple, § 2 : *Prenez garde de ne faire jamais aux autres ce que vous seriez fâché qu'on vous fît....* 1° *Sur quoi est fondée cette maxime ?* 2° *La justice vous permet-elle de faire aux autres ce que vous ne voudriez pas qu'ils vous fissent ?* 3° *Que résulterait-il si vous agissiez de la sorte ?* 4° *Est-il de votre intérêt de faire ce que cette maxime défend ?*

Les Moniteurs, ainsi que les élèves qui sont admis à cet exercice hors classe, doivent répondre alternativement, et procéder comme au cercle. Le Maître fait les fonctions de Moniteur ; il stimule vivement les élèves, jusqu'à ce qu'il obtienne une réponse satisfaisante.

LECTURE COURANTE.

MAXIMES TIRÉES DE L'ÉVANGILE,

Et recommandées à la Jeunesse par ROLLIN.

1. Il n'y a rien d'impossible à Dieu. — **2.** Tout arbre qui ne porte pas de bon fruit sera coupé et jeté au feu. — **3.** N'usez point de violence, ne faites point d'outrages à personne, et contentez-vous de votre paye. — **4.** Ceux qui auront fait de bonnes œuvres ressusciteront pour vivre éternellement, au lieu que ceux qui en auront fait de mauvaises seront condamnés. — **5.** Heureux ceux qui sont miséricordieux, parce qu'ils obtiendront miséricorde. — **6.** Bienheureux sont les pacifiques, parce qu'ils seront appelés enfants de Dieu. — **7.** Conduisez-vous envers les autres de la même manière dont vous voudriez qu'ils se conduisissent envers vous. — **8.** Tout royaume divisé contre lui-même sera détruit, et toute ville ou toute maison divisée contre elle-même ne pourra subsister. — **9.** Je vous déclare qu'au jour du jugement les hommes rendront compte de toutes les paroles inutiles qu'ils auront dites; car vous serez justifiés ou condamnés par vos paroles. — **10.** Faites pour les autres ce que vous voudriez qu'ils fissent pour vous. — **11.** Il n'y a rien de secret qui ne se découvre, ni rien de si caché qui ne doive être connu et devenir public. — **12.** On se servira envers vous de la même mesure dont vous vous serez servis envers les autres. — **13.** L'homme ne peut rien recevoir, s'il ne lui est donné du ciel. — **14.** Ne craignez pas ceux qui ôtent la vie du corps, et qui ne peuvent ôter celle de l'âme; mais craignez plutôt celui qui peut perdre dans l'enfer, et le corps et l'âme. — **15.** Le disciple n'est pas au-dessus de son maître, et l'esclave n'est pas au-dessus de son seigneur. — **16.** Quiconque donnera en mon nom seulement un verre d'eau froide à boire à un de ces pauvres, je vous dis, en vérité, qu'il ne perdra pas sa récompense. — **17.** Dieu a fait ce commandement : « Honore père et mère; » et cet autre : « Que celui qui dira des paroles outrageuses à son père ou à sa mère, soit puni de mort. » — **18.** Que servirait à un homme de gagner tout l'univers, s'il se perd lui-même, et s'il perd son âme? — **19.** Malheur à l'homme par qui le scandale arrive! — **20.** Ne jugez point selon les apparences, mais jugez selon la justice. — **21.** Notre loi permet-elle de condamner qui que ce soit sans l'avoir entendu, et sans s'être informé auparavant de ses actions? — **22.** Le serviteur qui aura su la volonté de son maître, et qui, néanmoins, ne l'aura pas faite et n'aura mis ordre à rien, sera puni très-rigoureusement. — **23.** On exigera beaucoup de celui à qui on aura beaucoup donné, et on fera rendre un plus grand compte à celui à qui on aura confié plus de choses. — **24.** Celui qui persévérera jusqu'à la fin sera sauvé.

MÉTHODE DE M. JOMARD.

MAXIMES TIRÉES DE SAINT PAUL,

Et recommandées à la jeunesse par ROLLIN.

AUX ROMAINS.

1. Quiconque s'élève sera humilié, et quiconque s'humilie sera élevé. —2. Rendez à César ce qui appartient à César, et à Dieu ce qui appartient à Dieu. — 3. Vous aimerez votre prochain comme vous-même. — 4. Celui qui est fidèle dans les petites choses l'est aussi dans les grandes. —5. Vous serez mes amis, si vous faites ce que je vous commande. — 6. Dieu donnera la vie éternelle à ceux qui persévèrent dans les bonnes œuvres, et cherchent l'honneur, la gloire et l'immortalité. — 7. Il fera, au contraire, sentir les effets de sa colère et de son indignation à ceux qui aiment les contestations, et qui ne se rendent point à la vérité, mais qui suivent l'injustice. — 8. L'affliction et le désespoir accableront tous ceux qui commettent le mal. — 9. Mais la gloire, l'honneur et la paix seront la récompense de tous ceux qui feront le bien. — 10. Les souffrances de cette vie n'ont point de proportion avec la gloire qui nous est préparée. — 11. Si Dieu est pour nous, qui sera contre nous? — 12. Haïssez le mal et attachez-vous fortement au bien. — 13. Aimez-vous les uns les autres comme des frères, et prévenez-vous par des témoignages d'honneur. — 14. Bénissez ceux qui vous persécutent : bénissez-les, et ne faites point d'imprécations contre eux. Réjouissez-vous avec ceux qui sont dans la joie, et pleurez avec ceux qui pleurent. — 15. Ne rendez à personne le mal pour le mal, et ayez soin de faire le bien, non-seulement devant Dieu, mais aussi devant les hommes. — 16. Soyez unis de sentiment et d'affection : ne vous laissez point emporter à des pensées de vanité; mais soyez humbles, et ne soyez point sages à vos propres yeux. — 17. Vivez en paix, s'il est possible, et, autant qu'il est en vous, avec toutes sortes de personnes. — 18. Ne vous vengez pas vous-mêmes, mes très-chers frères, mais laissez passer votre colère; car il est écrit : La vengeance m'est réservée. — 19. Si votre ennemi a faim, donnez-lui à manger; s'il a soif, donnez-lui à boire. — 20. Ne vous laissez pas vaincre par le mal, mais surmontez le mal par le bien. — 21. Que tout le monde soit soumis aux puissances supérieures; car il n'y a point de puissance qui ne vienne de Dieu. — 22. Les princes ne sont pas à craindre lorsque l'on fait de bonnes actions; mais ils sont à craindre lorsqu'on en fait de mauvaises. — 23. Il faut de nécessité que vous vous soumettiez aux princes, non-seulement par la crainte du châtiment, mais aussi par un devoir de conscience. — 24. Quand on a de la charité pour son prochain, on ne lui fait point de tort; la charité est l'accomplissement de la loi.

LECTURE COURANTE.

[N° 69.]

MAXIMES TIREES DE SAINT PAUL,
Et recommandées à la Jeunesse par ROLLIN. *(Suite.)*

AUX ROMAINS.

1. Rendez à chacun ce qui lui est dû: le tribut, à qui vous devez le tribut; les impôts, à qui vous devez les impôts; la crainte, à qui vous devez la crainte; l'honneur, à qui vous devez l'honneur. — **2.** Ne nous condamnons pas les uns les autres. — **3.** Prenez garde de ne pas donner à votre frère une occasion de chute ou de scandale. — **4.** Recherchons avec soin ce qui peut entretenir la paix parmi nous; et que chacun de vous ait de la complaisance pour son prochain.

AUX CORINTHIENS.

5. Celui qui plante n'est rien, celui qui arrose n'est rien : mais Dieu qui donne de l'accroissement est tout; et c'est à lui que toute la gloire est rendue. — **6.** Chacun sera récompensé selon son travail. — **7.** Qui vous distingue des autres? Qu'avez-vous que vous n'ayez pas reçu? Que si tout ce que vous avez vous a été donné, pourquoi vous en glorifiez-vous, comme si vous l'aviez de vous-mêmes? — **8.** Nous vivons du travail de nos mains; nous rendons des bénédictions pour des malédictions; on nous persécute, et nous souffrons avec patience; on nous dit des injures, et nous y répondons par des prières. — **9.** Ne savez-vous pas qu'un peu de levain aigrit toute la pâte? — **10.** Tous les athlètes gardent la tempérance en toutes choses, et cependant ils ne le font que pour gagner une couronne corruptible, au lieu que nous en attendons une incorruptible. — **11.** Que celui qui croit se tenir ferme prenne garde de ne pas tomber. — **12.** Quand je parlerais le langage des hommes et des anges mêmes, si je n'avais pas la charité, je ne serais qu'un airain sonnant ou une cymbale retentissante. — **13.** Et quand j'aurais le don de prophétie, et que je pénétrerais tous les mystères; quand j'aurais toute la science possible et une foi assez grande pour transporter les montagnes, si je n'ai point la charité, je ne suis rien. — **14.** Quand je distribuerais tout mon bien aux pauvres, et que je livrerais mon corps pour être brûlé, si je n'avais pas la charité, tout cela ne me servirait de rien. — **15.** La charité est patiente, bienfaisante; la charité n'est point envieuse, elle ne juge point témérairement, elle ne s'enfle point d'orgueil, elle n'est point ambitieuse, elle ne cherche point ses propres intérêts, elle ne se met point en colère, elle n'a point de mauvais soupçons, et elle compte pour rien le mal qu'on lui fait. — **16.** Elle ne se réjouit point de l'injustice, mais elle se réjouit de la vérité; elle tolère tout, elle croit tout, elle souffre tout. — **17.** Ne vous laissez point séduire, ne vous trompez point; les mauvais entretiens corrompent les bonnes mœurs.

N. B. Chaque élève lit à son tour un paragraphe entier, indiqué par le Moniteur; celui-ci veille à ce que le lecteur fasse une courte pause après les points et les virgules, et fasse sentir les liaisons des mots.

INTERROGATION DES MONITEURS. — Aux heures fixées pour l'étude particulière des *Moniteurs,* le Maître interroge, tantôt sur la définition, la distinction et la signification des mots, tantôt sur le rôle que chaque mot joue dans la phrase, mais sans donner d'explications grammaticales. Exemple, § 6 : *Chacun sera récompensé selon son travail....* 1° *Cette maxime ne signifie-t-elle pas que la récompense sera proportionnée au travail?* 2° *Ne s'ensuit-il pas que celui qui prendra peu de peine obtiendra une faible récompense?* 3° *Qu'arrivera-t-il à celui qui n'aura pas travaillé du tout?* 4° *Celui qui travaille mal ou qui ne travaille pas mérite-t-il d'être puni?*

Les Moniteurs, ainsi que les élèves qui sont admis à cet exercice hors classe, doivent répondre alternativement, et procéder comme au cercle. Le Maître fait les fonctions de Moniteur; il stimule vivement les élèves, jusqu'à ce qu'il obtienne une réponse satisfaisante.

LECTURE COURANTE.

MAXIMES TIRÉES DE SAINT PAUL,
Et recommandées à la Jeunesse par ROLLIN. (*Suite.*)

AUX CORINTHIENS.

1. Les afflictions de cette vie sont légères, et ne durent qu'un moment; mais elles nous conduisent à une gloire incomparable et éternelle. — **2.** Il faut que nous comparaissions tous devant le tribunal de Jésus-Christ, afin que chacun reçoive ce qui lui est dû pour les bonnes ou mauvaises actions qu'il aura faites pendant sa vie.—**3.** Lorsque quelqu'un a une grande volonté de faire l'aumône, Dieu la reçoit, se contentant de ce que l'on peut donner et ne demandant pas ce que l'on ne peut pas. — **4.** Celui qui sème peu moissonnera peu, et celui qui sème avec abondance moissonnera avec abondance. — **5.** Nous avons soin de faire le bien, non-seulement devant Dieu, mais aussi devant les hommes. — **6.** Que chacun donne ce qu'il a résolu en lui-même de donner, non avec tristesse ou par contrainte; car Dieu aime celui qui fait l'aumône avec joie. — **7.** Mes frères, soyez dans la joie; soyez parfaits; excitez-vous au bien les uns les autres; ayez les mêmes sentiments; vivez en paix les uns avec les autres, et le Dieu de paix et d'amour sera avec vous.

AUX GALATES.

8. Soyez toujours zélés pour le bien; aimez en tout temps les gens de bien. — **9.** Celui qui se croit quelque chose se trompe, parce qu'il n'est rien. — **10.** Servez-vous les uns les autres par esprit de charité, parce que la charité est l'accomplissement de toute la loi.—**11.** Ne cherchons point la vaine gloire, nous piquant les uns les autres, et nous portant envie les uns aux autres. — **12.** Portez les fardeaux les uns des autres, et vous accomplirez ainsi la loi de Jésus-Christ. — **13.** L'homme ne recueillera que ce qu'il aura semé. — **14.** Ne nous lassons pas de faire le bien, puisque, si nous persévérons dans le bien, nous en recevrons la récompense dans le temps.

AUX ÉPHÉSIENS.

15. Ayez toujours de l'humilité, de la douceur, de la patience; supportez-vous les uns les autres avec charité, et ayez soin de conserver l'unité de l'esprit par le lien de la paix. — **16.** Renoncez au mensonge, et que chacun dise la vérité lorsqu'il parle à son prochain, parce que nous sommes tous membres les uns des autres. — **17.** Que le soleil ne se couche point sur votre colère.— **18.** Que nul mauvais discours ne sorte de votre bouche; mais qu'il n'en sorte que de bons, d'édifiants et capables d'inspirer la piété à ceux qui les écoutent. — **19.** Que toute aigreur, tout emportement, toute colère, toute médisance et toute malice, soient bannis d'entre vous.

N. B. Chaque élève lit à son tour un paragraphe entier, indiqué par le Moniteur; celui-ci veille à ce que le lecteur fasse une courte pause après les points et les virgules, et fasse sentir les liaisons des mots.

INTERROGATION DES MONITEURS.—Aux heures fixées pour l'étude particulière des *Moniteurs*, le Maître interroge, tantôt sur la définition, la distinction ou la signification des mots, tantôt sur le rôle que chaque mot joue dans la phrase, mais sans donner d'explications grammaticales. Exemple, § 4 : *Celui qui sème peu moissonne peu, et celui qui sème avec abondance moissonnera avec abondance...* 1° *Que faut-il faire pour recueillir une moisson abondante?* 2° *Comment faut-il s'y prendre pour pouvoir semer abondamment?* 3° *Suffit-il de beaucoup semer pour beaucoup recueillir?*

Les Moniteurs, ainsi que les élèves qui sont admis à cet exercice hors classe, doivent répondre alternativement, et procéder comme au cercle. Le Maître fait les fonctions de Moniteur; il stimule vivement les élèves, jusqu'à ce qu'il obtienne une réponse satisfaisante.

LECTURE COURANTE.

MAXIMES TIRÉES DE SAINT PAUL,

Et recommandées à la Jeunesse par ROLLIN. *(Suite.)*

AUX ÉPHÉSIENS.

1. Faites-vous du bien les uns aux autres; ayez de la compassion et de la tendresse les uns pour les autres; pardonnez-vous les uns aux autres. —**2.** Enfants, obéissez à vos pères et mères en ce qui est selon le Seigneur; car cela est juste.—**3.** Honorez votre père et votre mère; c'est le premier commandement auquel Dieu ait attaché une récompense, afin que vous soyez heureux et que vous viviez longtemps sur la terre.—**4.** Sachez que chacun recevra du Seigneur la récompense du bien qu'il aura fait. —**5.** Ne faites rien par esprit de contention, ni par vanité; mais que chacun, par humilité, croie les autres au-dessus de soi.—**6.** Que chacun ne cherche pas seulement ses intérêts, mais aussi ceux des autres. — **7.** Faites toutes choses sans murmure et sans dispute, afin que vous soyez irrépréhensibles et simples, et qu'étant enfants de Dieu vous soyez sans tache au milieu d'une nation déréglée et corrompue, parmi laquelle vous brillez comme des astres dans le monde.—**8.** Mes chers frères, que tout ce qui est véritable, que tout ce qui est honnête et pur, que tout ce qui est juste, que tout ce qui peut vous rendre aimables et vous faire estimer, que tout ce qui peut édifier, tout ce qu'il y a de vertu à pratiquer, tout ce qui est louable dans le réglement des mœurs, soit l'entretien de votre esprit.

AUX COLOSSIENS.

9. Quittez aussi tous ces péchés, la colère, l'aigreur, la malice, la médisance, et que nulle parole déshonnête ne sorte de votre bouche. — **10.** Supportez-vous les uns les autres, et remettez-vous tous les sujets de plainte que vous pourriez avoir les uns contre les autres, en vous entre-pardonnant comme le Seigneur vous pardonne.—**11.** Enfants, obéissez à vos pères et mères en toutes choses, car cela est agréable au Seigneur.

AUX THESSALONICIENS.

12. Faites de bon cœur tout ce que vous ferez, comme le faisant pour le Seigneur, et non pour les hommes. — **13.** Celui qui agit injustement recevra la peine de son injustice, Dieu n'ayant point d'égard à la condition des personnes.—**14.** Nous vous prions, mes frères, d'honorer ceux qui travaillent à votre instruction parmi vous, et qui vous avertissent de votre devoir.—**15.** Prenez garde que personne ne rende aux autres le mal pour le mal; mais faites-vous toujours du bien les uns aux autres et à tous les hommes. — **16.** Si quelqu'un ne veut point travailler, qu'il ne mange point.

N. B. Chaque élève lit à son tour un paragraphe entier, indiqué par le Moniteur; celui-ci veille à ce que le lecteur fasse une courte pause après les points et les virgules, et fasse sentir les liaisons des mots.

INTERROGATION DES MONITEURS. — Aux heures fixées pour l'étude particulière des *Moniteurs*, le Maître interroge, tantôt sur la définition, la distinction ou la signification des mots, tantôt sur le rôle que chaque mot joue dans la phrase, mais sans donner d'explications grammaticales. Exemple, § 3 : *Honorez votre père et votre mère...* 1° *Pour observer ce commandement de* DIEU, *suffit-il de ne pas offenser son père et sa mère ?* 2° *Pourquoi devez-vous les honorer ?* 3° *De quelle manière pouvez-vous honorer vos pères et mères ?* 4° *Pourquoi serez-vous heureux en observant ce précepte ?*

Les Moniteurs, ainsi que les élèves qui sont admis à cet exercice hors classe, doivent répondre alternativement, et procéder comme au cercle. Le Maître fait les fonctions de Moniteur; il stimule vivement les élèves, jusqu'à ce qu'il obtienne une réponse satisfaisante.

LECTURE COURANTE.

ÉVANGILE SELON SAINT LUC, Chapitre XV.

Parabole de l'enfant prodigue. (Suite.)

17. Enfin, étant rentré en lui-même, il dit : Combien y a-t-il dans la maison de mon père de serviteurs à gages, qui ont plus de pain qu'il ne leur en faut! et moi, je suis ici à mourir de faim. — **18.** Il faut que je me lève, et que j'aille trouver mon père, et que je lui dise : Mon père, j'ai péché contre le ciel et contre vous; — **19.** Et je ne suis plus digne d'être appelé votre fils : traitez-moi comme l'un des serviteurs qui sont à vos gages. — **20.** Il se leva donc, et s'en vint trouver son père. Et lorsqu'il était encore bien loin, son père l'aperçut, et en fut touché de compassion; et courant à lui, il se jeta à son cou, et le baisa. — **21.** Et son fils lui dit : *Mon* père, j'ai péché contre le ciel et contre vous; et je ne suis plus digne d'être appelé votre fils. — **22.** Alors le père dit à ses serviteurs : Apportez promptement la plus belle robe, et l'en revêtez, et mettez-lui un anneau au doigt et des souliers à ses pieds. — **23.** Amenez aussi le veau gras, et le tuez : mangeons et faisons bonne chère. — **24.** Parce que mon fils que voici était mort, et il est ressuscité; il était perdu, et il est retrouvé. Ils commencèrent donc à faire festin. — **25.** Cependant son fils aîné, qui était dans les champs, revint; et lorsqu'il fut proche de la maison, il entendit les concerts et *le bruit de* ceux qui dansaient. — **26.** Il appela donc un des serviteurs, et lui demanda ce que c'était. — **27.** Le serviteur lui répondit : C'est que votre frère est revenu, et votre père a tué le veau gras, parce qu'il le revoit en santé. — **28.** Ce qui l'ayant mis en colère, il ne voulait point entrer dans le logis; mais son père étant sorti pour l'en prier, — **29.** Il lui fit cette réponse : Voilà tant d'années que je vous sers, et je ne vous ai jamais désobéi en rien de ce que vous m'avez commandé; et cependant vous ne m'avez jamais donné un chevreau pour me réjouir avec mes amis : — **30.** Mais aussitôt que votre autre fils, qui a mangé son bien avec des femmes perdues, est revenu, vous avez tué pour lui le veau gras. — **31.** Alors le père lui dit : *Mon* fils, vous êtes toujours avec moi, et tout ce que j'ai est à vous : — **32.** Mais il fallait faire festin et nous réjouir, parce que votre frère était mort, et il est ressuscité; il était perdu, et il est retrouvé.

(Extrait de la Bible de DE SACI.*)*

N. B. Chaque élève lit à son tour un paragraphe entier, indiqué par le Moniteur; celui-ci veille à ce que le lecteur fasse une courte pause après les points et les virgules, et fasse sentir les liaisons des mots.

INTERROGATION DES MONITEURS.—Aux heures fixées pour l'étude particulière des *Moniteurs,* le Maître interroge, tantôt sur la définition, la distinction ou la signification des mots, tantôt sur le rôle que chaque mot joue dans la phrase, mais sans donner d'explications grammaticales. Exemple, § 18 : *Qu'entendez-vous par ces mots : Il faut que je me lève ?* § 24. *Quel sens donnez-vous à ces mots : Mon fils que voici était mort, et il est ressuscité ?*

Les Moniteurs, ainsi que les élèves qui sont admis à cet exercice hors classe, doivent répondre alternativement, et procéder comme au cercle. Le Maître fait les fonctions de Moniteur; il stimule vivement les élèves, jusqu'à ce qu'il obtienne une réponse satisfaisante.

LECTURE COURANTE.

ÉVANGILE SELON SAINT LUC, Chapitre XV.

Parabole de la brebis et de la dragme.

1. Les Publicains et les gens de mauvaise vie se tenant auprès de Jésus pour l'écouter, — **2.** Les Pharisiens et les Docteurs de la loi en murmuraient, et disaient : Quoi! cet homme reçoit des gens de mauvaise vie, et mange avec eux? — **3.** Alors Jésus leur proposa cette parabole : — **4.** Qui est l'homme d'entre vous qui, ayant cent brebis et en ayant perdu une, ne laisse les quatre-vingt-dix-neuf autres dans le désert, pour s'en aller après celle qui s'est perdue, jusqu'à ce qu'il la trouve? — **5.** Et lorsqu'il l'a trouvée, il la met sur ses épaules avec joie; — **6.** Et étant retourné en sa maison, il appelle ses amis et ses voisins, et leur dit : Réjouissez-vous avec moi, parce que j'ai trouvé ma brebis qui était perdue. — **7.** Je vous dis de même, qu'il y aura plus de joie dans le ciel pour un seul pécheur qui fait pénitence, que pour quatre-vingt-dix neuf justes qui n'ont pas besoin de pénitence. — **8.** Ou, qui est la femme qui, ayant dix dragmes et en ayant perdu une, n'allume la lampe, et, en balayant la maison, ne la cherche avec grand soin jusqu'à ce qu'elle la trouve? — **9.** Et après l'avoir retrouvée, elle appelle ses amies et ses voisines, et leur dit : Réjouissez-vous avec moi, parce que j'ai trouvé la dragme que j'avais perdue. — **10.** Je vous dis de même, que c'est une joie parmi les Anges de Dieu, lorsqu'un seul pécheur fait pénitence.

Parabole de l'enfant prodigue.

11. Il leur dit encore : Un homme avait deux fils, — **12.** Dont le plus jeune dit à son père : *Mon* père, donnez-moi ce qui me doit revenir de votre bien. Et le père leur fit le partage de son bien. — **13.** Peu de jours après, le plus jeune de ces deux enfants, ayant amassé tout ce qu'il avait, s'en alla dans un pays étranger fort éloigné, où il dissipa tout son bien en *excès* et en débauches. — **14.** Après qu'il l'eut tout dépensé, il survint une grande famine en ce pays-là, et il commença à tomber en nécessité. — **15.** Il s'en alla donc, et s'attacha *au service* d'un des habitants du pays qui l'envoya en sa maison des champs pour y garder des pourceaux. — **16.** Et là il eût été bien aise de remplir son ventre des cosses que les pourceaux mangeaient; mais personne ne lui en donnait.

(*Extrait de la Bible de* DE SACI.)

N. B. Chaque élève lit à son tour un paragraphe entier, indiqué par le Moniteur; celui-ci veille à ce que le lecteur fasse une courte pause après les points et les virgules, et fasse sentir les liaisons des mots.

INTERROGATION DES MONITEURS. — Aux heures fixées pour l'étude particulière des *Moniteurs*, le Maître interroge, tantôt sur la définition, la distinction et la signification des mots, tantôt sur le rôle que chaque mot joue dans la phrase , mais sans donner d'explications grammaticales. Exemple, § 1 : *Qu'entendez-vous par* Publicains? § 3. *Qu'entendez-vous par le mot* parabole? § 8. *Qu'entendez-vous par le mot* dragme? § 14. *Qu'entendez-vous par* tomber en nécessité?

Les Moniteurs, ainsi que les élèves qui sont admis à cet exercice hors classe, doivent répondre alternativement, et procéder comme au cercle. Le Maître fait les fonctions de Moniteur; il stimule vivement les élèves, jusqu'à ce qu'il obtienne une réponse satisfaisante.

LECTURE COURANTE.

MAXIMES TIRÉES DE SAINT PAUL,

Et recommandées à la Jeunesse par ROLLIN. *(Suite.)*

A TITE.

1. Souffrez avec patience les afflictions qui vous arrivent; Dieu vous traite en cela comme ses enfants. Et quel est l'enfant qui ne soit châtié par son père? — **2.** Souvenez-vous de ceux qui sont en prison, comme si vous y étiez avec eux, et de ceux qui sont dans l'affliction comme étant vous-même dans un corps sujet aux mêmes misères. — **3.** Obéissez à vos supérieurs, soyez soumis à leurs ordres; car ils veillent pour le salut de vos âmes, dont ils doivent rendre compte.

MAXIMES TIRÉES DE SAINT JACQUES.

4. Que chacun soit prompt à écouter, lent à parler et à se mettre en colère. — **5.** Où il y a de la jalousie et de la division, là aussi le trouble et toute sorte de mauvaises actions se trouvent. — **6.** La sagesse qui vient du ciel est amie de la paix, modeste, docile, prête à embrasser toute sorte de biens, pleine de miséricorde et de bonnes œuvres; elle ne juge point, elle n'est point dissimulée. — **7.** D'où viennent les différends et les procès que vous avez les uns avec les autres? Ne viennent-ils point de vos passions? — **8.** Mes frères, ne parlez point mal les uns des autres. — **9.** Écoutez maintenant, vous qui dites : Nous irons aujourd'hui ou demain dans une telle ville; nous serons là un an, nous y trafiquerons, et nous y gagnerons beaucoup; et cependant vous ne savez point ce qui arrivera demain. — **10.** Celui qui sait le bien qu'il doit faire, et qui ne le fait point, est coupable de péché. — **11.** Mes frères, n'ayez point d'aigreur les uns contre les autres, afin que vous ne soyez pas condamnés.

MAXIMES TIRÉES DE SAINT PIERRE.

12. Aimez-vous les uns les autres d'un amour véritablement fraternel et sincère, et soyez attentifs à vous en donner des marques les uns aux autres. — **13.** Quittez toute malice, toute tromperie, toute dissimulation, toute envie, et toute médisance. — **14.** Soyez tous dans une parfaite union : compatissez aux maux les uns des autres : ayez une amitié de frères. — **15.** Ne rendez pas le mal pour le mal, ni injure pour injure. — **16.** Si quelqu'un aime la vie, et veut que ses jours soient heureux, qu'il empêche sa langue de médire, et ses lèvres de prononcer des paroles trompeuses. — **17.** Ayez toujours une grande charité les uns pour les autres; car la charité couvre beaucoup de péchés.

N. B. Chaque élève lit à son tour un paragraphe entier, indiqué par le Moniteur; celui-ci veille à ce que le lecteur fasse une courte pause après les points et les virgules, et fasse sentir les liaisons des mots.

INTERROGATION DES MONITEURS. — Aux heures fixées pour l'étude particulière des *Moniteurs*, le Maître interroge, tantôt sur la définition, la distinction ou la signification des mots, tantôt sur le rôle que chaque mot joue dans la phrase, mais sans donner d'explications grammaticales. Exemple, § 8 : *No parlez point mal les uns des autres....* 1° *Sur quelle maxime est fondé ce conseil de saint Jacques?* 2° *Devez-vous faire aux autres ce que vous ne voudriez pas qu'on vous fît?* 3° *Seriez-vous bien aise qu'on parlât mal de vous?* 4° *Si l'on médit de vous, est-ce une excuse pour dire du mal des autres?*

Les Moniteurs, ainsi que les élèves qui sont admis à cet exercice hors classe, doivent répondre alternativement, et procéder comme au cercle. Le Maître fait les fonctions de Moniteur; il stimule vivement les élèves, jusqu'à ce qu'il obtienne une réponse satisfaisante.

GENÈSE. — Chapitre Ier.

§ I. *Dieu crée le ciel et la terre, la lumière et le firmament.*—1. Au commencement Dieu créa le ciel et la terre. — 2. La terre était informe et toute nue, les ténèbres couvraient la face de l'abîme; et l'Esprit de Dieu était porté sur les eaux. — 3. Or Dieu dit : Que la lumière soit faite; et la lumière fut faite. — 4. Dieu vit que la lumière était bonne, et il sépara la lumière d'avec les ténèbres. — 5. Il donna à la lumière le nom de Jour, et aux ténèbres le nom de Nuit; et du soir et du matin se fit le premier jour. — 6. Dieu dit aussi : Que le firmament soit fait au milieu des eaux, et qu'il sépare les eaux d'avec les eaux. — 7. Et Dieu fit le firmament; et il sépara les eaux qui étaient sous le firmament, de celles qui étaient au-dessus du firmament. Et cela se fit ainsi. — 8. Et Dieu donna au firmament le nom de Ciel; et du soir et du matin se fit le second jour. — § II. *Dieu crée les plantes et les arbres, le soleil, la lune et les étoiles.* — 9. Dieu dit encore : Que les eaux qui sont sous le ciel se rassemblent en un seul lieu, et que l'*élément* aride paraisse. Et cela se fit ainsi. — 10. Dieu donna à l'*élément* aride le nom de Terre, et appela Mers toutes ces eaux rassemblées. Et il vit que cela était bon. — 11. Dieu dit encore : Que la terre produise de l'herbe verte qui porte de la graine, et des abres fruitiers qui portent le fruit, chacun selon son espèce, et qui renferment leur semence en eux-mêmes *pour se reproduire* sur la terre. Et cela se fit ainsi. — 12. La terre produisit donc de l'herbe verte qui portait de la graine selon son espèce, et des arbres fruitiers qui renfermaient leur semence en eux-mêmes, chacun selon son espèce. Et Dieu vit que cela était bon. — 13. Et du soir et du matin se fit le troisième jour. — 14. Dieu dit aussi : Que des corps de lumières soient faits dans le firmament du ciel, afin qu'ils séparent le jour d'avec la nuit, et qu'ils servent de signes pour marquer le temps et les saisons, les jours et les années. — 15. Qu'ils luisent dans le firmament du ciel, et qu'ils éclairent la terre. Et cela se fit ainsi. — 16. Dieu fit donc deux grands corps lumineux, l'un plus grand pour présider au jour, et l'autre moindre pour présider à la nuit. *Il fit* aussi les étoiles. — 17. Et il les mit dans le firmament du ciel pour luire sur la terre. — 18. Pour présider au jour et à la nuit, et pour séparer la lumière d'avec les ténèbres. — 19. Dieu vit que cela était bon. Et du soir et du matin se fit le quatrième jour. — § III. *Dieu crée les poissons et les oiseaux.* — 20. Dieu dit encore : Que les eaux produisent des animaux vivants qui nagent *dans l'eau*, et des oiseaux qui volent sur la terre sous le firmament du ciel.

GENÈSE. — Chapitre Ier. (*Suite.*)

21. Dieu créa donc les grands poissons, et tous les animaux qui ont la vie et le mouvement, que les eaux produisirent, *chacun* selon son espèce; et il créa aussi tous les oiseaux selon leur espèce. Il vit que cela était bon.—**22.** Et il les bénit en disant : Croissez et multipliez-vous, et remplissez les eaux de la mer; et que les oiseaux se multiplient sur la terre.—**23.** Et du soir et du matin se fit le cinquième jour. — § IV. *Dieu crée les animaux terrestres et l'homme.*—**24.** Dieu dit aussi : Que la terre produise des animaux vivants, *chacun* selon son espèce, les animaux *domestiques*, les reptiles, et les bêtes *sauvages* de la terre, selon leurs *différentes* espèces. Et cela se fit ainsi.—**25.** Dieu fit donc les bêtes *sauvages* de la terre selon leurs espèces, les animaux *domestiques* et tous les reptiles, *chacun* selon son espèce. Et Dieu vit que cela était bon. — **26.** Il dit ensuite : Faisons l'homme à notre image et à notre ressemblance, et qu'il commande aux poissons de la mer, aux oiseaux du ciel, aux bêtes, à toute la terre, et à tous les reptiles qui se meuvent sur la terre. — **27.** Dieu créa donc l'homme à son image; il le créa à l'image de Dieu, et il les créa mâle et femelle.—**28.** Dieu les bénit, et il leur dit : Croissez et multipliez-vous, remplissez la terre et vous l'assujettissez, et dominez sur les poissons de la mer, sur les oiseaux du ciel, et sur tous les animaux qui se meuvent sur la terre. — **29.** Dieu dit encore : Je vous ai donné toutes les herbes qui portent leur graine sur la terre, et tous les arbres qui renferment en eux-mêmes leur semence, *chacun* selon son espèce, afin qu'ils vous servent de nourriture. — **30.** Et à tous les animaux de la terre, à tous les oiseaux du ciel, à tout ce qui se meut sur la terre, et qui est vivant et animé, afin qu'ils aient de quoi se nourrir. Et cela se fit ainsi.—**31.** Dieu vit toutes les choses qu'il avait faites; et elles étaient très-bonnes. Et du soir et du matin se fit le sixième jour.

Chapitre II.

§ I. *Dieu bénit et sanctifie le septième jour.* — **1.** Le ciel et la terre furent donc *ainsi* achevés avec tous leurs ornements.—**2.** Dieu accomplit le septième jour *tout* l'ouvrage qu'il avait fait, et il se reposa le septième jour après avoir achevé tous ses ouvrages.—**3.** Il bénit le septième jour et il le sanctifia, parce qu'il avait cessé en ce jour *de produire* tous les ouvrages qu'il avait créés.—**4.** Telle a été l'origine du ciel et de la terre, et c'est ainsi qu'ils furent créés au jour que le Seigneur Dieu fit l'un et l'autre.

N. B. Chaque élève lit à son tour un verset en entier, indiqué par le Moniteur; celui-ci veille à ce que le lecteur fasse une courte pause après les points et les virgules, et fasse sentir les liaisons des mots.

INTERROGATION DES MONITEURS. — Aux heures fixées pour l'étude particulière des *Moniteurs*, le Maître interroge, tantôt sur la définition, la distinction ou la signification des mots, tantôt sur le rôle que chaque mot joue dans la phrase, mais sans donner d'explications grammaticales.

Les Moniteurs, ainsi que les élèves qui sont admis à cet exercice hors classe, doivent répondre alternativement, et procéder comme au cercle. Le Maître fait les fonctions de Moniteur; il stimule vivement les élèves, jusqu'à ce qu'il obtienne une réponse satisfaisante.

GENÈSE. — CHAPITRE II. (*Suite.*)

5. Et *qu'il* créa toutes les plantes des champs avant qu'elles fussent sorties de la terre, et toutes les herbes de la campagne avant qu'elles eussent poussé; car le Seigneur Dieu n'avait point *encore* fait pleuvoir sur la terre, et il n'y avait point d'homme pour la labourer. — 6. Mais il s'élevait de la terre un brouillard qui en arrosait toute la surface. — 7. Le Seigneur Dieu forma donc l'homme du limon de la terre; il répandit sur son visage un souffle de vie, et l'homme devint vivant et animé. — §II. *Dieu met l'homme dans un jardin délicieux : défense qu'il lui fait.* — 8. Or le Seigneur Dieu avait planté dès le commencement un jardin délicieux, dans lequel il mit l'homme qu'il avait formé. — 9. Le Seigneur Dieu avait aussi produit de la terre toutes sortes d'arbres beaux à la vue et dont le fruit était agréable au goût et l'arbre de vie au milieu du paradis, avec l'arbre de la science du bien et du mal. — 10. De ce lieu de délices il sortait de la terre un fleuve pour arroser le paradis; et de là ce fleuve se divise en quatre canaux. — 15. Le Seigneur Dieu prit donc l'homme, et le mit dans le paradis de délices, afin qu'il le cultivât et qu'il le gardât. — 16. Il lui fit aussi ce commandement, et lui dit : Mangez de tous les *fruits* des arbres du paradis. — 17. Mais ne mangez point *du fruit* de l'arbre de la science du bien et du mal; car, au même temps que vous en mangerez, vous mourrez très-certainement. — § III. *Formation d'Ève : institution du mariage.* — 18. Le Seigneur Dieu dit aussi : Il n'est pas bon que l'homme soit seul; faisons-lui une aide semblable à lui. — 19. Le Seigneur Dieu ayant donc formé de la terre tous les animaux terrestres et de l'eau, tous les oiseaux du ciel, il les amena devant Adam, afin qu'il vît comment il les appellerait; et le nom qu'Adam donnerait à chacun des animaux, serait son nom *véritable.* — 20. Adam appela donc tous les animaux d'un nom qui leur était propre, tant les oiseaux du ciel, que les bêtes de la terre. Mais il ne se trouvait point d'aide pour Adam, qui lui fût semblable. — 21. Le Seigneur envoya donc à Adam un profond sommeil; et lorsqu'il était endormi, il tira une de ses côtes et mit de la chair à la place. — 22. Et le Seigneur Dieu forma la femme de la côte qu'il avait tirée d'Adam, et l'amena à Adam.

CHAPITRE III.

§ I. *Le Démon se sert du Serpent pour tromper Ève : chute d'Ève et d'Adam.* — 1. Or le serpent était le plus fin de tous les animaux que le Seigneur Dieu avait formés sur la terre; et il dit à la femme : Pourquoi Dieu vous a-t-il commandé de ne pas manger du fruit de tous les arbres du paradis?

N. B. Chaque élève lit à son tour un verset en entier, indiqué par le Moniteur; celui-ci veille à ce que le lecteur fasse une courte pause après les points et les virgules, et fasse sentir les liaisons des mots.

INTERROGATION DES MONITEURS. — Aux heures fixées pour l'étude particulière des *Moniteurs,* le Maître interroge, tantôt sur la définition, la distinction ou la signification des mots, tantôt sur le rôle que chaque mot joue dans la phrase, mais sans donner d'explications grammaticales.

Les Moniteurs, ainsi que les élèves qui sont admis à cet exercice hors classe, doivent répondre alternativement, et procéder comme au cercle. Le Maître fait les fonctions de Moniteur; il stimule vivement les élèves, jusqu'à ce qu'il obtienne une réponse satisfaisante.

GENÈSE. — CHAPITRE III. (*Suite.*)

2. La femme lui répondit : Nous mangeons du fruit des arbres qui sont dans le paradis ; — 3. Mais pour ce qui est du fruit de l'arbre qui est au milieu du paradis, Dieu nous a commandé de n'en point manger, et de n'y point toucher, de peur que nous ne fussions en danger de mourir. — 4. Le serpent repartit à la femme : Assurément vous ne mourrez point. — 5. Mais c'est que Dieu sait qu'aussitôt que vous aurez mangé de ce fruit, vos yeux seront ouverts, et vous serez comme des dieux, connaissant le bien et le mal. — 6. La femme considéra donc que *le fruit de* cet arbre était bon à manger ; qu'il était beau et agréable à la vue. Et en ayant pris, elle en mangea, et en donna à son mari, qui en mangea *aussi*. — 7. En même temps leurs yeux furent ouverts à tous deux ; ils reconnurent qu'ils étaient nus, et ils entrelacèrent des feuilles de figuier, et s'en firent de quoi se couvrir. — 8. Et comme ils eurent entendu la voix du Seigneur Dieu qui se promenait dans le paradis, après-midi, *lorsqu'il s'élève* un vent doux, ils se *retirèrent* au milieu des arbres du paradis, pour se cacher de devant sa face. — 9. Alors le Seigneur Dieu appela Adam, et lui dit : Où êtes-vous ? — 10. Adam lui répondit : J'ai entendu votre voix dans le paradis, et j'ai eu peur, parce que j'étais nu : c'est pourquoi je me suis caché. — 11. Le Seigneur lui repartit : Et d'où avez-vous su que vous étiez nu, sinon de ce que vous avez mangé *du fruit* de l'arbre dont je vous avais défendu de manger ? — 12. Adam lui répondit : La femme que vous m'avez donnée pour compagne m'a présenté *du fruit* de *cet* arbre, et j'en ai mangé. — 13. Le Seigneur Dieu dit à la femme : Pourquoi avez-vous fait cela ? Elle répondit : Le serpent m'a trompée ; et j'ai mangé *de ce fruit.* — § II. *Malédiction du serpent: condamnation d'Adam et d'Eve.* — 14. Alors le Seigneur Dieu dit au serpent : Parce que tu as fait cela, tu es maudit entre tous les animaux et toutes les bêtes de la terre : tu ramperas sur le ventre, et tu mangeras la terre tous les jours de ta vie. — 15. Je mettrai une inimitié entre toi et la femme, entre sa race et la tienne. Elle te brisera la tête, et tu tâcheras de la mordre par le talon. — 16. *Dieu* dit aussi à la femme : Je vous affligerai de plusieurs maux pendant votre grossesse. Vous enfanterez dans la douleur, vous serez sous la puissance de votre mari, et il vous dominera. — 17. Il dit ensuite à Adam : Parce que vous avez écouté la voix de votre femme, et que vous avez mangé *du fruit* de l'arbre dont je vous avais défendu de manger, la terre sera maudite à cause de ce que vous avez fait, et vous n'en tirerez de quoi vous nourrir pendant toute votre vie qu'avec beaucoup de travail.

18. Elle vous produira des épines et des ronces, et vous vous nourrirez de l'herbe de la terre. — **19.** Vous mangerez votre pain à la sueur de votre visage, jusqu'à ce que vous retourniez en la terre d'où vous avez été tiré; car vous êtes poudre, et vous retournerez en poudre. — **20.** Et Adam donna à sa femme le nom d'Ève, *qui marque la vie*, parce qu'elle était la mère de tous les vivants. — § **III.** *Adam et Ève sont chassés du paradis terrestre.* — **21.** Le Seigneur Dieu fit aussi à Adam et à sa femme des habits de peaux dont il les revêtit. — **22.** Et il dit : Voilà Adam devenu comme l'un de nous, sachant le bien et le mal. *Empêchons* donc maintenant qu'il ne porte sa main à l'arbre de vie, qu'il ne prenne aussi de son fruit, et que, mangeant *de ce fruit*, il ne vive éternellement. — **23.** Le Seigneur Dieu le fit sortir ensuite du jardin délicieux, afin qu'il allât travailler à la culture de la terre dont il avait été tiré. — **24.** Et l'en ayant chassé, il mit des Chérubins devant le jardin de délices, qui faisaient étinceler une épée de feu, pour garder le chemin qui conduisait à l'arbre de vie.

CHAPITRE IV.

§ **I.** *Naissance de Caïn et d'Abel : leurs sacrifices.* — **1.** Or Adam connut Ève, sa femme, et elle conçut et enfanta Caïn, en disant : Je possède un homme par *la grâce de* Dieu. — **2.** Elle enfanta de nouveau, *et mit au monde* son frère Abel. Or Abel fut pasteur de brebis, et Caïn s'appliqua à l'agriculture. — **3.** Il arriva, longtemps après, que Caïn offrit au Seigneur des fruits de la terre. — **4.** Abel offrit aussi des premiers nés de son troupeau, et de ce qu'il avait de plus gras. Et le Seigneur regarda *favorablement* Abel et ses présents. — **5.** Mais il ne regarda point Caïn, ni ce qu'il lui avait offert. C'est pourquoi Caïn entra dans une très-grande colère, et son visage en fut tout abattu. — **6.** Et le Seigneur lui dit : Pourquoi êtes-vous en colère? et pourquoi parait-il un si grand abattement sur votre visage? — **7.** Si vous faites bien, n'en serez-vous pas récompensé? Et si vous faites mal, ne porterez-vous pas aussitôt *la peine de* votre péché? Mais votre concupiscence sera sous vous, et vous la dominerez. — § **II.** *Caïn tue son frère Abel, et est maudit de Dieu.* — **8.** Or Caïn dit à son frère Abel : Sortons dehors. Et lorsqu'ils furent dans les champs, Caïn se jeta sur son frère Abel, et le tua. — **9.** Le Seigneur dit ensuite à Caïn : Où est votre frère Abel? Il lui répondit : Je ne sais : suis-je le gardien de mon frère? — **10.** Le Seigneur lui répartit : Qu'avez-vous fait? La voix du sang de votre frère crie de la terre jusqu'à moi.

N. B. Chaque élève lit à son tour un paragraphe entier, indiqué par le Moniteur; celui-ci veille à ce que le lecteur fasse une courte pause après les points et les virgules, et fasse sentir les liaisons des mots.

INTERROGATION DES MONITEURS.—Aux heures fixées pour l'étude particulière des *Moniteurs*, le Maître interroge, tantôt sur la définition, la distinction ou la signification des mots, tantôt sur le rôle que chaque mot joue dans la phrase, mais sans donner d'explications grammaticales.

Les Moniteurs, ainsi que les élèves qui sont admis à cet exercice hors classe, doivent répondre alternativement, et procéder comme au cercle. Le Maître fait les fonctions de Moniteur; il stimule vivement les élèves, jusqu'à ce qu'il obtienne une réponse satisfaisante.

GENÈSE. — Chapitre IV. (*Suite.*)

11. Vous serez donc maintenant maudit sur la terre, qui a ouvert sa bouche, et qui a reçu le sang de votre frère, *lorsque* votre main *l'a répandu.* — **12.** Quand vous l'aurez cultivée, elle ne vous rendra point son fruit. Vous serez fugitif et vagabond sur la terre. — **13.** Caïn répondit au Seigneur : Mon iniquité est trop grande pour pouvoir en obtenir le pardon. — **14.** Vous me chassez aujourd'hui de dessus la terre, et j'irai me cacher de devant votre face. Je serai fugitif et vagabond sur la terre. Quiconque donc me trouvera me tuera. — **15.** Le Seigneur lui répondit: Non, cela ne sera pas; mais quiconque tuera Caïn en sera puni très-sévèrement. Et le Seigneur mit un signe sur Caïn, afin que ceux qui le trouveraient ne le tuassent point.

Chapitre V.

§ I. *Longue vie et mort d'Adam.* — **3.** Adam ayant vécu cent trente ans, engendra *un fils* à son image et à sa ressemblance, et il le nomma Seth. — **4.** Après qu'Adam eut engendré Seth, il vécut huit cents ans, et il engendra des fils et des filles. — **5.** Et tout le temps de la vie d'Adam ayant été de neuf cent trente ans, il mourut.

Chapitre VI.

§ I. *Corruption générale des hommes : Dieu prend la résolution de les punir par un déluge universel.* — **5.** Mais Dieu voyant que la malice des hommes qui vivaient sur la terre était extrême, et que toutes les pensées de leur cœur étaient en tout temps appliquées au mal, — **6.** Il se repentit d'avoir fait l'homme sur la terre. Et étant touché de douleur jusqu'au fond du cœur, — **7.** Il dit : J'exterminerai de dessus la terre l'homme que j'ai créé; *j'exterminerai tout*, depuis l'homme jusqu'aux animaux, depuis *tout* ce qui rampe *sur la terre* jusqu'aux oiseaux du ciel; car je me repens de les avoir faits. — **8.** Mais Noé trouva grâce devant le Seigneur. — **§ II.** *Noé ayant trouvé grâce devant Dieu, reçoit l'ordre de bâtir une arche pour se sauver avec sa famille, et des animaux de toute espèce.* — **9.** Voici les enfants qu'engendra Noé. Noé fut un homme juste et parfait au milieu des hommes de son temps : il marcha avec Dieu. — **10.** Et il engendra trois fils, Sem, Cham et Japhet. — **11.** Or la terre était corrompue devant Dieu, et remplie d'iniquité. — **12.** Dieu voyant donc cette corruption de la terre (car la vie que tous les hommes y menaient était toute corrompue), — **13.** Il dit à Noé : J'ai résolu de faire périr tous les hommes. Ils ont rempli toute la terre d'iniquité, et je les exterminerai avec la terre.

N. B. Chaque élève lit à son tour un paragraphe entier, indiqué par le Moniteur; celui-ci veille à ce que le lecteur fasse une courte pause après les points et les virgules, et fasse sentir les liaisons des mots.

INTERROGATION DES MONITEURS. — Aux heures fixées pour l'étude particulière des *Moniteurs*, le Maître interroge, tantôt sur la définition, ou la distinction la signification des mots, tantôt sur le rôle que chaque mot joue dans la phrase, mais sans donner d'explications grammaticales.

Les Moniteurs, ainsi que les élèves qui sont admis à cet exercice hors classe, doivent répondre alternativement, et procéder comme au cercle. Le Maître fait les fonctions de Moniteur; il stimule vivement les élèves, jusqu'à ce qu'il obtienne une réponse satisfaisante.

GENÈSE. — Chapitre VI. (*Suite.*)

14. Faites-vous une arche de pièces de bois aplanies. Vous y ferez de petites chambres, et vous l'enduirez de bitume dedans et dehors. — **15.** Voici la forme que vous lui donnerez : sa longueur sera de trois cents coudées ; sa largeur, de cinquante ; et sa hauteur, de trente. — **16.** Vous ferez à l'arche une fenêtre. Le comble qui la couvrira sera haut d'une coudée ; et vous mettrez la porte de l'arche au côté : vous ferez un étage tout en bas, un au milieu, et un troisième. — **17.** Je vais répandre les eaux du déluge sur la terre, pour faire mourir toute chair qui respire et qui est vivante sous le ciel. Tout ce qui est sur la terre sera consumé. — **18.** J'établirai mon alliance avec vous ; et vous entrerez dans l'arche, vous et vos fils, votre femme, et les femmes de vos fils avec vous. — **19.** Vous ferez entrer aussi dans l'arche deux de chaque espèce de tous les animaux, mâle et femelle, afin qu'ils vivent avec vous. — **20.** De chaque espèce des oiseaux, vous en prendrez deux ; de chaque espèce des animaux *terrestres*, deux ; de chaque espèce de ce qui rampe sur la terre, deux. Deux de toute espèce entreront avec vous *dans l'arche*, afin qu'ils puissent vivre. — **21.** Vous prendrez aussi avec vous de tout ce qui peut se manger, et vous le porterez dans l'arche, pour servir à votre nourriture et à celle de tous les animaux. — **22.** Noé accomplit donc tout ce que Dieu lui avait commandé.

Chapitre VII.

§ I. *Noé entre dans l'arche avec sa famille et les animaux de toute espèce.* — **1.** Le Seigneur dit ensuite à Noé : Entrez dans l'arche, vous et toute votre maison, parce qu'entre *tous* ceux qui vivent aujourd'hui *sur la terre*, j'ai reconnu que vous *seul* étiez juste devant moi. — **2.** Prenez sept mâles et sept femelles de tous les animaux purs, et deux mâles et deux femelles des animaux impurs. — **3.** Prenez aussi sept mâles et sept femelles des oiseaux du ciel, afin d'en conserver la race sur la face de toute la terre. — **4.** Car je n'attendrai plus que sept jours, et après cela je ferai pleuvoir sur la terre quarante jours et quarante nuits, et j'exterminerai de dessus la terre toutes les créatures que j'ai faites. — **5.** Noé fit donc tout ce que le Seigneur lui avait commandé. — **6.** Il avait six cents ans, lorsque les eaux du déluge inondèrent toute la terre. — **7.** Noé entra dans l'arche, et avec lui ses fils, sa femme, et les femmes de ses fils, pour *se sauver* des eaux du déluge. — **8.** Les animaux purs et impurs et les oiseaux, avec tout ce qui se meut sur la terre, — **9.** Entrèrent aussi dans l'arche avec Noé, deux à deux, mâle et femelle, selon que le Seigneur l'avait commandé à Noé. — **10.** Après donc que les sept jours furent passés, les eaux du déluge se répandirent sur *toute* la terre.

N. B. Chaque élève lit à son tour un verset en entier, indiqué par le Moniteur ; celui-ci veille à ce que le lecteur fasse une courte pause après les points et les virgules, et fasse sentir les liaisons des mots.

INTERROGATION DES MONITEURS. — Aux heures fixées pour l'étude particulière des *Moniteurs*, le Maître interroge, tantôt sur la définition, la distinction ou la signification des mots, tantôt sur le rôle que chaque mot joue dans la phrase, mais sans donner d'explications grammaticales.

Les Moniteurs, ainsi que les élèves qui sont admis à cet exercice hors classe, doivent répondre alternativement, et procéder comme au cercle. Le Maître fait les fonctions de Moniteur ; il stimule vivement les élèves, jusqu'à ce qu'il obtienne une réponse satisfaisante.

GENÈSE. — Chapitre VII. *(Suite.)*

§ II. *Le déluge inonde la terre : l'arche est portée sur les eaux, et les eaux couvrent la terre pendant cent cinquante jours.* — **11.** L'année six cent de la vie de Noé, le dix-septième jour du second mois *de la même année, les* sources du grand abîme *des eaux* furent rompues, et les cataractes du ciel furent ouvertes ; — **12.** Et la pluie tomba sur la terre pendant quarante jours et quarante nuits. — **13.** Aussitôt que ce jour parut, Noé entra dans l'arche avec ses fils, Sem, Cham et Japhet ; sa femme, et les trois femmes de ses fils. — **14.** Tous les animaux *sauvages*, selon leur espèce, y entrèrent aussi avec eux ; tous les animaux *domestiques*, selon leur espèce, tout ce qui se meut sur la terre, selon son espèce ; tout ce qui vole, *chacun* selon son espèce ; tous les oiseaux, et tout ce qui s'élève dans l'air. — **15.** *Tous ces animaux* entrèrent avec Noé dans l'arche, deux à deux, *mâle et femelle*, de toute chair vivante et animée. — **16.** Ceux qui y entrèrent étaient donc mâles et femelles, et de toute espèce, selon que Dieu l'avait commandé à Noé ; et le Seigneur l'y enferma par dehors. — **17.** Le déluge se répandit sur la terre pendant quarante jours ; et les eaux s'étant accrues, élevèrent l'arche en haut, au-dessus de la terre. — **18.** Elles inondèrent tout, et couvrirent toute la surface de la terre ; mais l'arche était portée sur les eaux. — **19.** Les eaux crurent et grossirent prodigieusement au-dessus de la terre, et toutes les plus hautes montagnes qui sont sous le ciel furent couvertes. — **20.** L'eau ayant gagné le sommet des montagnes, s'éleva encore de quinze coudées plus haut. — **21.** Toute chair qui se meut sur la terre en fut consumée, tous les oiseaux, tous les animaux, toutes les bêtes, et tout ce qui rampe sur la terre : — **22.** Tous les hommes moururent, et généralement tout ce qui a vie et qui respire sur la terre. — **23.** Toutes les créatures qui étaient sur la terre, depuis l'homme jusqu'aux bêtes, tant celles qui rampent que celles qui volent dans l'air, tout périt de dessus la terre : il ne demeura que Noé seul, et ceux qui étaient avec lui dans l'arche.

Chapitre VIII.

§ I. *Les eaux du déluge se retirent : Noé envoie un corbeau, et ensuite une colombe, pour connaître l'état de la terre.* — **1.** Mais Dieu s'étant souvenu de Noé, de toutes les bêtes *sauvages* et de tous les animaux *domestiques* qui étaient avec lui dans l'arche, fit souffler un vent sur la terre, et les eaux commencèrent de diminuer. — **2.** Les sources de l'abîme furent fermées, aussi bien que les cataractes du ciel ; et les pluies *qui tombaient* du ciel furent arrêtées. — **3.** Les eaux étant agitées de côté et d'autre se retirèrent, et commencèrent de diminuer après cent cinquante jours.

N. B. Chaque élève lit à son tour un verset en entier, indiqué par le Moniteur ; celui-ci veille à ce que le lecteur fasse une courte pause après les points et les virgules, et fasse sentir les liaisons des mots.

INTERROGATION DES MONITEURS. — Aux heures fixées pour l'étude particulière des *Moniteurs*, le Maître interroge, tantôt sur la définition, la distinction ou la signification des mots, tantôt sur le rôle que chaque mot joue dans la phrase, mais sans donner d'explications grammaticales.

Les Moniteurs, ainsi que les élèves qui sont admis à cet exercice hors classe, doivent répondre alternativement, et procéder comme au cercle. Le Maître fait les fonctions de Moniteur ; il stimule vivement les élèves, jusqu'à ce qu'il obtienne une réponse satisfaisante.

4. Et le vingt-septième jour du septième mois, l'arche se reposa sur les montagnes d'Arménie. — 5. Cependant les eaux allaient *toujours* en diminuant jusqu'au dixième mois, au premier jour duquel le sommet des montagnes commença de paraître. — 6. Quarante jours s'étant *encore* passés, Noé ouvrit la fenêtre qu'il avait faite dans l'arche, et laissa aller un corbeau, — 7. Qui, étant sorti, ne revint plus, jusqu'à ce que les eaux de la terre fussent séchées. — 8. Il envoya aussi une colombe, *sept jours* après le corbeau, pour voir si les eaux avaient cessé de couvrir la terre. — 9. Mais la colombe n'ayant pu trouver où mettre le pied, parce que la terre était toute couverte d'eaux, elle revint à lui : et Noé étendant la main, la prit et la remit dans l'arche. — 10. Il attendit encore sept autres jours, et il envoya de nouveau la colombe hors de l'arche. — 11. Elle revint à lui sur le soir, portant dans son bec un rameau d'olivier, qu'elle venait de cueillir. Noé reconnut donc que les eaux s'étaient retirées de dessus la terre. — 12. Il attendit néanmoins encore sept jours; et il envoya la colombe, qui ne revint plus à lui. — § II. *Dieu ordonne à Noé de sortir de l'arche avec sa famille et tous les animaux. Noé, sorti de l'arche, offre un sacrifice à Dieu.* — 13. Ainsi, l'an *de Noé* six cent un au premier jour du premier mois, les eaux qui étaient sur la terre se retirèrent *entièrement;* et Noé ouvrant le toit de l'arche, et regardant de là, il vit que la surface de la terre s'était séchée. — 14. Le vingt-septième jour du second mois, la terre fut *toute* sèche. — 15. Alors Dieu parla à Noé et lui dit: — 16. Sortez de l'arche, vous et votre femme, vos fils et les femmes de vos fils. — 17. Faites-en sortir aussi tous les animaux qui y sont avec vous, de toutes sortes d'espèces, tant des oiseaux que des bêtes, et de tout ce qui rampe sur la terre; et entrez sur la terre : croissez-y et vous y multipliez. — 18. Noé sortit donc *de l'arche* avec ses fils, sa femme et les femmes de ses fils. — 19. Toutes les bêtes *sauvages* en sortirent aussi, les animaux *domestiques*, et tout ce qui rampe sur la terre, *chacun* selon son espèce. — 20. Or Noé dressa un autel au Seigneur, et prenant de tous les animaux et de tous les oiseaux purs, il les *lui* offrit en holocauste sur cet autel. — 21. Le Seigneur reçut *ce sacrifice comme* une odeur qui lui fut très-agréable; et il dit : Je ne répandrai plus ma malédiction sur la terre à cause des hommes, parce que l'esprit de l'homme et toutes les pensées de son cœur sont portés au mal dès sa jeunesse. Je ne frapperai donc plus *de mort*, comme j'ai fait, tout ce qui est vivant et animé. — 22. Tant que la terre durera, les semailles et la moisson, le froid et le chaud, l'été et l'hiver, la nuit et le jour, ne cesseront point de s'entre-suivre.